La cuisine joyeuse des enfants ALLERGIQUES

Textes et photographies de
Patricia **Barreau-Yu**

Préface du Docteur
Michèle **Debons**

Carrément
Jouvence

Catalogue gratuit sur simple demande.

ÉDITIONS JOUVENCE
Suisse : CP 184, CH-1233 Genève-Bernex
France : BP 7, F-74161 Saint Julien-en-Genevois Cedex
Site internet : www.editions-jouvence.com
E-mail : info@editions-jouvence.com

ISBN : 978-2-88353-524-4
Maquette d'intérieur et de couverture : Stéphanie Roze

À toi, ma petite Marie, ma fleur-soleil,
sans qui ce livre n'existerait pas.
Pour ton bonheur et ton plein
épanouissement.

Aux personnes souffrant d'allergies
alimentaires et à leur entourage,
que ce livre soit pour vous une aide
dans votre quotidien parfois difficile !

Sommaire

Préface 8
Avant-propos 10
Notre parcours 10
L'abécédaire à suivre à la lettre, pour avoir enfin le dernier mot face aux allergies alimentaires ! 14
Repérage et éviction des allergènes dans les recettes (à lire attentivement) 44
Mode d'emploi du livre 45
Tableau des remplacements possibles 45
Ma liste de courses et les indispensables de mon panier 46
Le matériel utilisé pour cuisiner et pâtisser 47

Les recettes

1 - Le petit-déjeuner

Pancakes 53
Millet vendéen à l'orange 54
Lait de riz « maison » 55
Lait de riz-amandes « maison » Contient des amandes 56
Chokoccino ! 57
LES SMOOTHIES :
Smoothie glacé miel-banane 58
Smoothie « Rêve fraisé » Contient du soja ou du lait de vache 59
Le smoothie des matins vitaminés 59
Smoothie banane-kiwi 60
Smoothie cocofruité 60
Smoothie de Marie 61
Banana rice shake 61

2 - À l'heure de l'apéritif

Dips de légumes et petites sauces 65
Rillettes océanes Contient du poisson 66
Rillettes de thon Contient du poisson 67
Blinis 68
Chiffonnade bretonne 69
Guacamole 70
Chips mexicaines Contient du gluten 71
Muffins à la carotte et aux pruneaux 73

3 - Salades et entrées

Le pâté de Mamie Josette 77
Taboulé de quinoa 78
Makis au saumon Contient du poisson 81
Salade rose et verte 82
Salade d'hiver 83
Salade d'été 84
Velouté de légumes de Tatie Lydie 85
Rouleaux de printemps 86
Verrines de chou-fleur à la tomate et aux lardons 89

4 - Plats principaux

Riz loc-lac 93
Cuisses de canard aux pommes de terre et carottes, façon sarladaise 94
Tarte aux légumes et aux champignons
Contient du gluten 96
Galettes de sarrasin 98
Galettes de pommes de terre aux flocons de millet 101
Dos de cabillaud à l'indienne
Contient du poisson 102
Lapin aux pruneaux 104
Mousseline de millet, brocolis et carottes 105
Filet mignon aux herbes et Patati et Patata 106
Pomme de terre surprise 109
Quinoa aux carottes et champignons 110
Sauté de veau au curcuma 113
Filet de canard et sa crème de miel 115

5 - Desserts

Amandine aux poires 119
Crème à la cannelle et aux fruits secs 120
Igloo coco 121
Métisse 122
Entremets à la fraise 124
Biscuits au citron 125
Biscuits coconut 127
Langues de chat 128
Colimaçons 131
Mi-cuit au chocolat 132
Rochers à la noix de coco 133
Cake à l'orange 134
Crumble aux pommes
Contient des amandes 135
Fondant aux pommes 136
Tarte amandine aux poires
Contient des amandes 137
Fondant Chocobanane 139
Contient des amandes
Tarte aux pommes 140

6 - Le goûter

Petite crème au chocolat 143
Pommes cuites au miel 143
Crêpes 144
Riz au lait et aux raisins secs 147
Salade de fruits frais 148
Semoule de riz au chocolat 149
Cookies aux flocons de millet 150
Madeleines 151
Tartelettes aux fruits ou au chocolat 152

Liste alphabétique des recettes 154
QUIZ 156

Remerciements 158

Préface

« Comme c'est appétissant ! » est la première chose que j'ai pensée lorsque j'ai eu entre les mains *La cuisine joyeuse des enfants allergiques*. Car, avant d'être allergologue, je suis d'abord gourmande et passionnée de cuisine.

Le livre que vous allez découvrir est un vrai livre de cuisine : des recettes élaborées, une (belle) photo pour chacune, une liste d'ingrédients claire avec des proportions précises, le matériel nécessaire, les temps de préparation et de cuisson, et les « trucs » de la cuisinière.

Les recettes ont été travaillées pour que les plats aient du goût, une texture et un aspect agréables, tout en étant réalisables sans prouesse culinaire particulière. Elles ont toutes été testées et dégustées par Marie et sa famille. L'histoire ne dit pas combien de recettes ont été tentées puis écartées ; l'élaboration des recettes a dû passer par bien des essais, de même que la recherche des substituts pour remplacer les ingrédients « allergènes ».

Le parcours des parents d'enfants ayant des allergies alimentaires débute souvent par une phase douloureuse au moment du diagnostic, puis suit une phase de questionnement où les parents se demandent comment ils vont nourrir leur enfant.

Tous les jours, en travaillant auprès de ces familles, j'entends des paroles inquiètes : « Il ne pourra jamais manger de gâteaux », « Je ne peux rien lui donner de tout prêt, qu'est-ce que je lui donne ? », « Il n'est pas comme les autres », « Les repas de famille sont un cauchemar »… Derrière ces questions, des angoisses fondamentales : comment nourrir mon enfant de manière équilibrée ? Comment ne pas le mettre en danger en lui donnant à manger ? Comment ne pas être isolé par la nourriture, alors que son partage est si nécessaire et symbolique dans toutes les sociétés ?

Un enfant allergique oblige, comme le dit très bien Patricia BARREAU-YU, à faire preuve d'imagination et de créativité, et là, parents lecteurs, il faut vous faire confiance ! Faites-vous aider par ce livre qui, en plus des recettes, vous fournira une foule de réponses aux questions pratiques de tous les jours, mais aussi des solutions pour les situations plus exceptionnelles comme les fêtes, où il est toujours question de nourriture ! À votre tour, adaptez les recettes et créez les vôtres ! Faites appel sans hésiter à l'allergologue qui suit votre enfant, et éventuellement à une diététicienne.

Quelques messages de sécurité (je n'oublie pas mon rôle d'allergologue) que l'auteure rappelle abondamment dans son ouvrage : toujours lire la liste des ingrédients d'un aliment, ne pas le donner si l'on a un doute ; demander conseil à l'allergologue si l'on n'est pas sûr de soi avant de commencer une recette (« Tous les ingrédients conviennent-ils à mon enfant ? »), et surtout, faire en sorte que la trousse d'urgence, si l'allergologue en a prescrit une, soit toujours avec l'enfant.

Pour terminer, manger est aussi un plaisir, cela peut et doit continuer à l'être pour un enfant allergique. Je salue avec une certaine émotion le travail de Patricia BARREAU-YU, qui a su transcender les difficultés posées par les allergies alimentaires de sa petite Marie, en créant cette œuvre d'une grande générosité. Quel plus beau cadeau transmettre à sa fille ?

Docteur Michèle DEBONS,

Dermatologue – Allergologue
Membre de **l'École de l'Atopie** et du **C.R.E.A.A.L.** (Centre de Recherche et d'Éducation en Allergie Alimentaire) au C.H.U. de Nantes, membre du **G.E.T.** (groupe d'éducation thérapeutique en dermatologie) et du **G.R.E.T.A.A.** (Groupe de Réflexion en Éducation Thérapeutique sur l'Allergie Alimentaire)

Avant-propos

Je voudrais que ce livre soit un rayon de soleil dans le quotidien des enfants souffrant d'allergies alimentaires et qu'il soit une aide précieuse et rassurante pour leur entourage, et surtout pour leurs parents qui doivent composer tous les jours avec un régime alimentaire souvent très contraignant.

Il se veut un livre de solutions alimentaires et de découvertes culinaires, un compagnon utile et agréable pour une cuisine de tous les jours et pour tous.

Vous trouverez des solutions :

- pour préparer les bons petits plats et les goûters de tous les jours
- pour adapter des recettes classiques en fonction des allergies de votre enfant
- pour vivre plus sereinement les situations à risques : apéritifs chez les amis, goûters d'anniversaire à l'école ou chez des amis, repas de famille…).

Le but de ce premier tome est de proposer des recettes pour tous les jours, en évitant les allergènes les plus courants, en proposant des alternatives afin d'aider à dépasser les frustrations des exclusions alimentaires, de surmonter les aspects difficiles et angoissants de la gestion de la maladie, souvent trop présents et bien légitimes, au vu des risques vitaux encourus.

Vous trouverez également un ***abécédaire à suivre à la lettre pour avoir le dernier mot face aux allergies***. Il s'agit de réflexions et de conseils qui vous aideront dans la « maîtrise » et la gestion au quotidien des allergies alimentaires, que ce soit à l'école, en voyage, durant les activités sportives et artistiques, dans tout lieu où l'enfant est confié à une personne autre que ses parents.

Notre parcours

Ce livre est né après un cheminement difficile et assez éprouvant. Notre fille Marie, notre fleur-soleil, a aujourd'hui 9 ans. Dès l'âge de 2 mois, elle a beaucoup souffert d'eczéma et de douleurs intestinales.

Nous avons vu plusieurs médecins (généraliste, dermatologue, pédiatre). Au lieu d'un

diagnostic précis, on nous disait que l'eczéma passerait… avant l'âge de 3 ans ! Quand votre bébé n'a que 2 mois, cela peut paraître long et quelque peu insuffisant en termes de réponse médicale ! Les mois passaient, sans soulagement pour notre fille… Nous étions très inquiets et désemparés.

Le diagnostic de la maladie allergique (multiples allergies alimentaires et respiratoires) a enfin été posé à l'âge de 8 mois, après une insistance de notre part pour faire des tests d'allergie, sanguins et cutanés, chez un allergologue. Après la découverte de ses allergies ont suivi les interdictions et un régime d'exclusions strict qui ont permis une amélioration de son état de santé, de sa peau surtout. Mais certains allergènes étant difficiles à supprimer (les pollens, notamment !), il subsiste toujours une grande fragilité cutanée. Les très nombreuses interdictions alimentaires, sur des aliments extrêmement courants (lait, œuf, blé, etc.) ont été pendant assez longtemps un problème sérieux. Si nous avions trouvé un livre comme celui-ci à l'époque, nous aurions été heureux, je crois !

Aujourd'hui, elle est toujours polyallergique (lait, œuf, soja, crevette, courgette, noisette, noix de cajou, noix…). Au fil du temps, certaines allergies ont disparu (tomate, banane, par exemple). D'autres sont apparues plus récemment (noisette, noix de cajou). Elle a été allergique à la farine de blé jusqu'à ses 5 ans. Une réintroduction du blé en milieu hospitalier a été concluante, elle peut donc désormais manger du pain et des pâtes, de la farine de blé, ce qui lui a considérablement changé la vie ! En plus de ses allergies alimentaires, elle est très allergique aux pollens, graminées, acariens, chien, et elle a développé un asthme plus prononcé depuis ses 4 ans, environ.

Depuis ses premiers mois jusqu'à aujourd'hui, nous sommes en constante recherche, nous tâtonnons, nous nous interrogeons, pour trouver les meilleures solutions pour elle, et pas seulement pour sa santé, sa sécurité et pour lui assurer une bonne alimentation, mais aussi pour son bien-être au quotidien, à l'école, avec les autres, pour que ses allergies ne soient pas un handicap trop lourd à porter ni un prétexte à l'exclusion.

Tout cela n'est pas facile et il suffit d'un tout petit grain de sable dans l'engrenage pour que l'équilibre bien fragile que nous construisons pas à pas soit menacé…

Un handicap invisible…

La maladie allergique est de plus en plus présente dans notre société. L'O.M.S. (Organisation Mondiale de la Santé) classe les maladies allergiques au quatrième rang mondial des affections chroniques et considère que ces pathologies sont un problème majeur de santé publique.

Pourtant, elle n'est pas si bien connue que cela du grand public, ni même des personnes qui, pourtant, encadrent nos enfants chaque jour. Elle est encore trop souvent minimisée, pas assez prise au sérieux. Les risques vitaux, rares, certes, mais bien réels, sont souvent ignorés (choc anaphylactique, œdème de Quincke, asthme aigu…).

La difficulté, c'est qu'un enfant allergique ne se distingue en rien, à première vue, d'un autre enfant, son handicap est invisible. Mais en cas de réaction allergique, son état peut vite basculer et sa vie peut être menacée.

Une alimentation variée et des découvertes alimentaires, malgré les allergies (ou parfois grâce à elles !)

La maladie de notre fille nous a poussés à nous interroger, à tout remettre en question. Nous sommes allés vers une alimentation autre, vers des aliments souvent plus intéressants du point de vue nutritionnel, plus variés.

Nous nous sommes rendu compte, en observant notre entourage, que, souvent, les enfants qui n'ont pas de problèmes d'allergie, n'ont pas forcément une alimentation variée, ils se contentent souvent des mêmes plats, et ne s'ouvrent pas forcément non plus à des aliments nouveaux. Même si notre parcours a été souvent éprouvant, il nous a permis de nous interroger sur l'alimentation, de découvrir des aliments que nous ne connaissions pas. L'assistante maternelle de Marie nous a dit avoir fait des découvertes culinaires intéressantes grâce à elle. Nous ressortons finalement enrichis, plus forts et fiers de donner à notre enfant, une alimentation qui soit, malgré tout, variée et équilibrée.

Nous avons souhaité partager notre expérience avec vous qui êtes, comme nous, parent d'enfant allergique alimentaire, mais également avec les proches, les amis, qui aimeraient bien souvent pouvoir cuisiner en toute sécurité pour un enfant allergique et lui faire plaisir. Les écoles, les collectivités qui accueillent des enfants allergiques pourront aussi y puiser des idées et des pistes d'atelier-cuisine, pour que chaque enfant puisse participer à l'activité.

Tous les gourmets, allergiques ou non, désireux de découvrir des aliments et recettes qui sortent de l'ordinaire pourront aussi y trouver leur bonheur. Nous espérons qu'il sera utile à beaucoup de familles et évitera des recherches et des épreuves inutiles.

Concentrons-nous désormais sur le regard brillant de nos enfants devant un gâteau ou des crêpes qu'ils pourront déguster, en toute sécurité et avec délice !

Patricia Barreau-Yu
www.aubonheurdesenfantsallergiques.fr

Abécédaire

À suivre à la lettre, pour avoir enfin le dernier mot face aux allergies alimentaires !

A comme **A**llergie, **A**limentation, **A**ttention et **A**ngoisse ! 16

B comme **B**lé et comme **B**io 18

C comme **C**acahuète (ou arachide) et comme **C**hoc anaphylactique 19

D comme **D**ilemme 20

E comme **É**ducation de l'enfant allergique, **É**ducation thérapeutique et comme **É**tiquetage 22

F comme **F**êtes 27

G comme **G**oûters 28

H comme **H**andicap social 29

I comme **I**nterdits et **I**magination 30

J comme **J**eu 30

K comme **K**iwi et autres fruits 30

L comme **L**ait de vache 31

M comme **M**oral d'acier 32

N comme **N**oix, **N**oix de cajou, **N**oisette 32

O comme Œuf 32

P comme P.A.I.
(Projet d'accueil individualisé et
Protocole de soins d'urgence) 33

Q comme Quincke (Œdème de
Quincke) et autres réactions graves 33

R comme Rentrée scolaire 35

S comme Sortie 37
(scolaire ou en famille)

T comme Trousse d'urgence 38

U comme Ustensiles de cuisine 39

V comme Voyage et Vacances 40

W comme Web 41

X comme X, l'inconnue… 42

Y comme Yaourt 43

Z comme Zen… 43

A

comme **A**llergie, **A**limentation, **A**ttention et **A**ngoisse !

Préambule aux conseils

À l'annonce du diagnostic « votre enfant souffre d'allergies alimentaires », on ne saisit pas toujours tout de suite l'ampleur du problème.

On nous explique que l'***allergie*** alimentaire est une réaction exagérée de l'organisme face à un aliment, considéré à tort par le corps comme un ennemi. D'où des réactions disproportionnées variées, de gravité différente : eczéma, asthme, urticaire, douleurs intestinales, œdème de Quincke, choc anaphylactique, etc. On vous dit que votre enfant peut avoir une ou plusieurs de ces réactions, et qu'il va falloir apprendre à les repérer et à agir en conséquence, sachant que pour l'œdème de Quincke, le choc anaphylactique et les formes graves d'asthme, la vie de l'enfant peut être en danger…

C'est là que peuvent naître des questions et des angoisses bien légitimes… Vais-je être à la hauteur ? Saurai-je repérer vite et bien les symptômes ? Saurai-je effectuer le bon geste adapté à chaque réaction ?

Et quand mon enfant sera avec d'autres personnes à l'école, à l'accueil périscolaire, au restaurant scolaire, au sport, en sortie ou en voyage scolaire, serai-je capable de transmettre les consignes clairement pour que la personne responsable de lui à ces moments-là soit vigilante et agisse à bon escient, sans pour autant affoler cette personne ?

Arrivent ensuite les consignes de restrictions dans l'***alimentation***, en fonction du nombre d'aliments allergènes à éviter. Certains régimes sont très difficiles, soit du fait du nombre important d'aliments à exclure, soit du fait qu'un aliment se retrouve présent dans de nombreux produits (arachide, blé, lait, œuf, etc.). Il est plus « simple » a priori de suivre un régime sans poisson et crustacés qu'un régime sans blé ou sans œuf !

Pour assurer la sécurité alimentaire de votre enfant, vous devez donc faire extrêmement ***attention*** aux aliments que vous lui donnez.

Vous lui devez une vigilance de tous les instants, pour éviter tout contact avec le ou les aliments qui pourraient provoquer une réaction allergique. Cela passe par une lecture extrêmement attentive de toutes les étiquettes des produits que vous achetez, **à chaque fois**. Même si c'est le même produit, sa composition peut avoir changé, cela arrive fréquemment.

Vous devez faire preuve de rigueur dans la surveillance des couverts et ustensiles de cuisine pour éviter tout contact entre les aliments problématiques et les plats destinés à l'enfant. Une hygiène adaptée est donc nécessaire (par exemple, ne pas souiller le sel avec des mains ayant touché autre chose, préférer utiliser une cuillère propre).

Pour plus de tranquillité, préférez les aliments « bruts » plutôt que transformés. Faites vous-même ses plats, ses desserts, avec des aliments sûrs. Faites attention aussi aux aliments qui, a priori, ne devraient pas poser de problèmes… Des confitures, parfois, contiennent du beurre ou du lait… Pour prévoir l'inattendu, lisez très attentivement toutes les étiquettes des produits que vous achetez.

Malgré tous les efforts, il subsiste toujours une certaine ***angoisse.*** Même si l'on fait tout ce qu'il faut, on n'est jamais à l'abri d'une erreur, d'un contact accidentel avec un aliment.

Lorsque l'on explique aux gens les réactions allergiques que notre enfant pourrait avoir, il est fort probable que nous allons créer chez eux aussi une ***angoisse***. Cependant, nous n'avons pas le choix, il faut tout expliquer, ne rien cacher, c'est impératif, il y va de la sécurité de notre enfant.

Ceci dit, il ne faut pas se voiler la face, attendez-vous à ce que les gens réagissent de différentes façons :

- Les uns voudront vous aider et vous assureront de leur coopération si besoin en est. Ils voudront connaître par le menu ce qu'il faut faire au cas où ils devraient intervenir. N'hésitez jamais à répéter, à réexpliquer, c'est important et cela rassurera les gens…
- D'autres ne vous diront rien ou compatiront hypocritement mais « oublieront » par exemple d'inviter votre enfant à un anniversaire (dans ce cas, réjouissez-vous, vous n'auriez pas été tranquille et eux non plus !).
- D'autres encore vous mettront des bâtons dans les roues : il n'est pas rare que des parents aient de gros soucis pour que leur enfant puisse déjeuner au restaurant scolaire dans de bonnes conditions, ou bien qu'on leur refuse de signer un P.A.I. (Projet d'accueil individualisé) par peur des responsabilités… Dans l'école que fréquente ma fille, nous avons toujours été écoutés et entendus par le directeur et ses enseignants ont toujours accepté de nous rencontrer avant la rentrée pour que nous prenions le temps d'expliquer les implications des allergies dans la vie scolaire de notre fille. Qu'ils en soient ici remerciés. J'ai en revanche

entendu beaucoup de témoignages de parents désemparés parce qu'un enseignant niait tout simplement sa responsabilité et qu'il refusait d'agir en cas d'urgence… car il ne voulait pas prendre cette responsabilité.

Tout ceci étant dit, il faut s'armer de courage, d'imagination, de qualités de dialogue et de communication, et de beaucoup d'amour pour réussir dans notre mission de parent d'enfant allergique !

Les conseils qui suivent vous aideront dans votre quotidien, je le souhaite.

B
comme Blé et comme Bio

L'allergie au ***blé*** est bien ennuyeuse dans un pays où le pain et les pâtes sont des aliments très présents dans les habitudes alimentaires…

Quand notre fille, à l'âge de 5 ans, a enfin pu manger du ***blé***, d'abord sous la forme de pâtes, en petite quantité, puis ensuite, sous la forme de pain, sa vie en a été transformée, et la nôtre aussi ! Quelle chance de pouvoir déguster pour la première fois un sandwich en pique-nique ! Une vraie révolution !

Mais avant de se débarrasser de cette allergie, il a fallu chercher des alternatives :

- des galettes de riz complet,
- des tartines craquantes au sarrasin ou au quinoa, à la châtaigne, idéales pour remplacer les tartines.

■ Pour les pâtes à tartes, les mélanges de farine de sarrasin avec de la farine de riz ou de châtaignes sont intéressants. Le sarrasin est aussi appelé « ***blé*** noir » mais ce n'est pas une céréale et il ne contient pas de gluten.

■ Pour la confection de gâteaux, pour remplacer la farine de ***blé***, les farines suivantes peuvent être utilisées (elles ne contiennent pas de gluten) :

- farine de riz,
- farine de châtaignes,
- farine de maïs,
- farine de quinoa,
- farine de millet.

Il faut tout de même préciser que la farine de ***blé*** donne des résultats plus satisfaisants (notamment au niveau de la tenue des gâteaux), mais lorsqu'on n'a pas le choix et que le ***blé*** doit être supprimé, on est heureux de trouver des solutions de remplacement. Avec un peu de pratique, on arrive à de bons résultats appréciés des enfants, c'est l'essentiel !

Pour l'alimentation de l'enfant allergique, le choix d'aliments ***biologiques*** est judicieux : le système immunitaire est déjà hyperactif, point n'est besoin d'ajouter des pesticides, colorants et autres additifs, préjudiciables à sa santé.

Par ailleurs, c'est dans les magasins ***biologiques*** que l'on trouve des aliments moins ou pas transformés, plus « bruts ». Ils subissent donc moins de contacts accidentels avec d'autres aliments. Vous trouverez davantage de produits sans traces d'allergènes que dans les magasins classiques. Pour nous, certains rayons entiers de supermarchés sont proscrits : plusieurs fois, j'ai tenté de trouver des céréales pour le petit-déjeuner qui pourraient convenir à ma fille, peine perdue, tous les paquets contenaient des traces de lait, œuf, fruits à coque, etc. Désormais, je fais mon choix (c'est un luxe d'avoir plusieurs choix ! Et croyez-moi, c'est appréciable) entre différents produits bio à base de riz, de quinoa, de cacao, de châtaignes, de sarrasin, etc., et ma fille se régale ! Avec l'alimentation ***bio***, vous alliez la qualité et une plus grande sécurité pour votre enfant (ce qui ne vous dispense pas de lire très attentivement toutes les étiquettes, bien entendu !).

Pour trouver un magasin bio près de chez vous, consultez ce site qui répertorie tous les magasins bio de France :

http ://www.magasinbio.org/annuaire/

C

comme Cacahuète (ou arachide) et comme Choc anaphylactique

La ***cacahuète***, ou arachide, peut provoquer de graves réactions, et l'allergie à l'arachide peut durer toute la vie.

Elle est présente dans de nombreux aliments, et le régime d'éviction de l'arachide se doit d'être rigoureux.

Éviter les ***cacahuètes*** de l'apéritif et le beurre de ***cacahuète*** sera relativement facile ; en revanche, pour les personnes qui doivent aussi éviter les traces d'arachide (demandez à votre allergologue de vous préciser si vous devez ou non exclure aussi les traces d'arachide), les traquer dans des biscuits, viennoiseries, chocolats, céréales, mayonnaises, margarines, chips, confiseries (liste non exhaustive), etc., sera plus contraignant.

Concernant l'huile d'arachide, une fois raffinée (du moins pour les huiles fabriquées en Europe), elle ne contient plus la protéine allergisante. Cela dit, en cas de doute, vous pourrez utiliser de l'huile d'olive, de tournesol ou de colza. Il faudra se méfier des autres fruits à coque oléagineux: amande, noix, noix de cajou, de pécan, de macadamia, pignon, noisette, pistache, etc. Le risque d'allergie croisée étant possible, il faut établir un bilan avec l'allergologue avant de donner ces fruits à coque.

Attention aussi aux cosmétiques et shampooings pouvant contenir de l'huile végétale (savon à l'huile d'amande douce par exemple). Pensez à préciser à votre pharmacien l'allergie de votre enfant, pour qu'il vérifie la présence ou l'absence de l'allergène dans les médicaments.

Choc anaphylactique** **(voir Q comme Quincke et autres réactions graves)

D

comme Dilemme

Face aux allergies d'un enfant, se pose un ***dilemme***:

- Faut-il faire évoluer l'enfant dans un milieu préservé, sans risque, sans allergènes, et mettre toute la famille au même régime, pour que la maison familiale soit un lieu sûr et en même temps de liberté totale sans frustrations pour l'enfant allergique, qui, à l'inverse, au dehors, est sans arrêt contraint?
- Ou bien faut-il habituer cet enfant à vivre constamment à proximité de ces aliments, à apprendre à être frustré quand les autres dégustent un gâteau ou un plat interdit? À devoir faire attention constamment?

Certains parents préfèrent supprimer tous les aliments problématiques pour toute la famille, afin que la maison soit un lieu totalement sécurisé, et aussi par solidarité forte avec celui qui souffre d'allergie. J'ai rencontré une maman qui refusait à sa fille aînée, non allergique, de manger de la pâte à tartiner à la maison, parce que sa petite sœur y était, elle, allergique. En revanche, quand la grande sœur allait chez sa grand-mère ou ailleurs, elle était autorisée à manger de la pâte à tartiner.

La maison, pour cette maman, se devait d'être en quelque sorte un cocon, un nid sécuritaire pour son enfant allergique. Pour elle, le dehors, l'extérieur (école ou autre lieu) représentait suffisamment de dangers, de peurs… Elle se faisait un devoir de réserver à son enfant déjà suffisamment touché un espace de bien-être, sans angoisse ni peur d'être en contact avec un allergène.

Chez nous, nous avons choisi de ne pas nous conformer totalement au régime de notre fille, parce qu'il est réellement très restrictif (blé, œuf, lait, tous les produits laitiers, poulet, soja, courgette, noisette, noix de cajou, crevette, etc.). Pendant plusieurs années cependant, nous avons dû supprimer les omelettes et les œufs au plat de nos préparations culinaires car le simple fait de respirer les molécules d'œuf dans l'air pouvait lui provoquer une crise d'asthme… Nous sommes partis du principe qu'il fallait qu'elle apprenne à se confronter aux interdits et aux frustrations, dans son propre intérêt, et qu'elle apprenne aussi à dire non lorsque quelqu'un lui propose un aliment qu'elle ne peut pas manger. Cela dit, ce choix implique une surveillance constante, ainsi qu'une hygiène et une propreté irréprochables pour éviter les contacts directs entre notre enfant et ces aliments.

Nous avons aménagé un grand placard entièrement dédié aux produits autorisés pour notre fille, afin d'éviter des erreurs toujours possibles. Quand l'enfant est très jeune, il faut bien prendre garde à ce qu'il ne puisse pas avoir accès aux placards, notamment ceux contenant des aliments interdits. N'hésitez pas à aménager la cuisine de façon à sécuriser les accès.

Contrairement au « nid protecteur » évoqué plus haut, nous vivons plus dangereusement.

Nous avons parfois remis en question ce mode de fonctionnement, car quelques réactions allergiques ont eu lieu (ceci dit, elles ont été moins nombreuses à la maison qu'à l'extérieur). Lors d'un apéritif chez des amis, ma fille est passée devant moi en courant, sa main a dû effleurer ma bouche, une fraction de seconde. Quelques minutes plus tard, nous la retrouvions avec un œdème de la paupière… Il devait y avoir des traces de noix de cajou sur mes lèvres, elle avait dû se frotter l'œil, et ces traces infimes lui ont provoqué un œdème important de la paupière… Nous avons découvert ce jour-là qu'elle était allergique aux noix de cajou… Depuis, elles ont disparu de la maison !

Nos repas sont préparés la plupart du temps en accord avec son régime, pour plus de facilité et moins de travail, et aussi pour que le repas soit un moment de partage familial. Lorsque nous avons des invités, en général nous préparons un plat principal que tout le monde peut manger, et nous préparons des entrées et des desserts divers.

En revanche, quand il s'agit de l'anniversaire de notre fille, là, ce sont les invités qui s'adaptent et goûtent à mes créations spéciales pour l'occasion !

Au fil des années, nos recettes (particulièrement les recettes sucrées, puisque ce sont elles qui posaient le plus de soucis au niveau du goût), sont de plus en plus délicieuses. Notre expérience et notre pratique nous permettent maintenant de concocter de très bons repas, ce qui était loin d'être facile au départ.

E

comme Éducation de l'enfant allergique, Éducation thérapeutique et comme Étiquetage

C'est votre enfant qui est la clé de tout. Tout petit, bien sûr, il ne peut pas se prendre en charge, mais dès que vous le sentez prêt, dites-lui pourquoi il ne doit pas manger tel ou tel aliment, il doit savoir que « ça le rendrait malade », que « ça lui ferait du mal », que « ça pourrait lui donner des boutons ou mal au ventre ».

Si vous lui apprenez petit à petit à se prendre en charge, à faire attention à ce qui l'entoure, à repérer les aliments à ne pas approcher, à dire « Non, je ne peux pas le prendre, je suis allergique » à une personne qui lui proposerait un aliment, vous verrez qu'il arrivera très bien à se protéger. La prévention est extrêmement importante et surtout très efficace. Ainsi, il est nécessaire que l'enfant apprenne très tôt les mesures d'hygiène et d'éviction des aliments afin qu'il puisse de lui-même faire attention à son environnement. Vous verrez qu'il pensera parfois plus facilement que vous à ce qui pourrait lui faire du mal (à 5 ans : « Maman, tu t'es lavé la bouche avant de me faire un bisou ? Tu as mangé des œufs !).

Les enfants allergiques, pour peu qu'on croie en eux, sont très souvent plus mûrs et plus raisonnables (ils n'ont pas trop le choix !) que ceux qui n'ont pas de problèmes de santé. Notre rôle est de les aider à grandir en toute sécurité. Au fil des années, il faut les responsabiliser pour qu'ils n'oublient pas leur trousse d'urgence, où qu'ils aillent. En sortant de la maison, je dis systématiquement à ma fille : « On n'oublie rien ? » Elle répond aussitôt : « La trousse d'urgence ! » J'espère créer un automatisme pour qu'elle y pense et cela semble fonctionner, car maintenant, c'est souvent elle qui me dit : « Maman, la trousse d'urgence ! » L'enfant, petit à petit, doit pouvoir diagnostiquer quand quelque chose ne va pas et demander de l'aide rapidement. Il doit connaître les symptômes de l'allergie, dont il se souvient en général fort bien s'il a déjà eu des réactions.

Dès que possible, et si la trousse d'urgence contient la seringue d'adrénaline (ANAPEN), l'enfant devra apprendre à se l'administrer lui-même. L'âge est à déterminer en fonction de la maturité de l'enfant, chaque cas est différent. L'apprentissage de toutes ces mesures se fait lentement et progressivement, sans affoler l'enfant. Les sessions d'éducation thérapeutique (voir ci-dessous) permettent d'aborder la manipulation des médicaments de la trousse d'urgence et l'explication des gestes à pratiquer en cas d'urgence.

Petit à petit, il faudra aussi que l'enfant soit de plus en plus autonome, notamment qu'il sache lui-même se préparer à manger de façon sécuritaire, en sachant éviter les allergènes. L'apprentissage de la cuisine et du savoir-faire culinaire sera une étape importante dans son éducation, et la seule façon de rendre l'enfant, l'adolescent, puis l'adulte qu'il deviendra, responsable de son alimentation et de sa santé.

Éducation thérapeutique :

Il existe plusieurs équipes médicales en France qui s'impliquent dans l'***éducation*** thérapeutique en allergie alimentaire et qui travaillent à développer des outils éducatifs afin d'aider les malades et leur famille.

L'objectif des sessions d'***éducation*** thérapeutique est notamment de permettre au patient et à ses proches de mieux connaître sa maladie et les traitements associés, de développer ses compétences pour réagir de façon adaptée en fonction des symptômes et d'être capable de s'administrer soi-même les médicaments sans appréhension (Auto-injecteur d'adrénaline ANAPEN, par exemple). Cela aide à développer la vigilance et la prévention, permettant ainsi d'éviter des accidents allergiques qui peuvent parfois être très graves. La finalité est bien sûr d'améliorer la qualité de vie des patients.

La prise en charge de l'allergie alimentaire ne devrait pas se limiter au diagnostic médical et à une information simple donnée par le médecin. Les allergies alimentaires entraînent tellement de conséquences (régime, utilisation d'une trousse d'urgence, implications psychologiques et sociales, etc.) qu'elles nécessitent une prise en charge particulière.

J'invite tous les parents d'enfants allergiques à se rapprocher d'un groupe d'***éducation*** thérapeutique, c'est une aide extrêmement précieuse qui permet aux parents et aux enfants de se sentir plus forts et plus efficaces face aux allergies. La prise en charge psychologique y est également importante. Dans ces sessions, certains parents que j'ai rencontrés ont dit que c'était la première fois qu'ils se sentaient écoutés et compris.

Les médecins que j'ai rencontrés au C.H.U. de Nantes, à l'école de l'atopie et au C.R.E.A.A.L. (Centre de recherche et d'***éducation*** en allergie alimentaire) sont très impliqués dans ces démarches éducatives. Comme ce sont des équipes pluridisciplinaires (composées d'allergologues, diététiciennes, psychologues, pneumopédiatre, etc.), la maladie est enfin envisagée dans son ensemble avec toutes ses implications.

Les échanges dans un groupe de parents et le partage des expériences permettent de se sentir moins seuls et nous rend plus forts. Même si parfois, certains témoignages sont poignants et font ressortir les souffrances, ces échanges sont riches et nous font indéniablement avancer dans notre parcours de parents. Nous ressortons de ces sessions plus sûrs de nous quant au repérage des signes de gravité et à la manipulation de la trousse d'urgence (j'ai rencontré des parents qui n'avaient jamais manipulé auparavant la seringue d'adrénaline et qui ont été bien soulagés de pouvoir enfin apprendre à le faire). Le repérage des allergènes est expliqué aussi, et l'étiquetage des aliments enfin décrypté. D'autres parents, qui avaient du mal à faire entendre leur voix à l'école, auprès des mairies ou autres, ont appris à s'imposer et à faire valoir leurs droits, par exemple avec le P.A .I. (projet d'accueil individualisé). Également, on y apprend à expliquer, à notre tour, le fonctionnement de la trousse d'urgence, afin de pouvoir transmettre nos compétences à autrui et ainsi confier plus sereinement notre enfant à une autre personne.

Les enfants, selon leur âge (souvent dès qu'ils savent lire) participent bien sûr eux aussi à l'***éducation*** thérapeutique. Ils peuvent échanger avec d'autres enfants allergiques (parfois, c'est la première fois qu'ils rencontrent un autre enfant allergique, et cela aussi c'est important, car souvent ils se sentent très seuls et considèrent comme injustes leurs allergies). Avec les allergologues, ils vont apprendre à identifier les signes d'allergie alimentaire et à repérer les signes de gravité, ils vont apprendre à demander de l'aide et à prévenir un adulte, à citer les aliments auxquels ils sont allergiques. Avec les diététiciennes, ils apprennent, lors d'ateliers-cuisine, à se préparer de bons petits plats sans allergènes.

Voici quelques adresses utiles et quelques liens vers des sites internet :

- **Fondation dermatite atopique** (allergies alimentaires et eczéma vont souvent de pair). Le Professeur Jean-François Stalder (CHU de Nantes, France) est à l'origine de la première école de l'**atopie** en France, en 2000. Depuis, diverses écoles de l'atopie, appelées aussi centres ou ateliers d'éducation thérapeutique, proposent en France et à l'étranger des programmes spécifiques aux patients atteints d'eczéma atopique.

  www.fondation-dermatite-atopique.org/index.php

  www.fondation-dermatite-atopique.org/espace-patients-parents-famille/les-ecoles-de-latopie/liste-des-ecoles
- **C.R.E.A.A.L.** : Centre de recherche et d'éducation en allergie alimentaire (CHU de Nantes, France) :

  http ://www.chu-nantes.fr/education-therapeutique-allergies-alimentaires-14154.kjsp
- **Hôpital des enfants malades**, 330, avenue de Grande-Bretagne, TSA 70034, 31059 **Toulouse** cedex 9, France
- **Pôle mère-enfant**, CHBS, rue Louis-Guiguen, 56100 **Lorient**, France
- **Hôpital mère-enfant**, CHU de Nantes, quai Moncousu, 44093 **Nantes** cedex, France
- **Service de dermatologie**, CHU Hôtel-Dieu, 1, place Alexis-Ricordeau, 44093 **Nantes** cedex 1, France
- **Service de pédiatrie**, **hôpital américain**, 47, rue Cognac-Jay, 51100 **Reims**, France
- **Clinique pédiatrique Saint-Antoine**, hôpital Saint-Vincent-de-Paul, bd de Belfort, BP387, 59020 **Lille** cedex, France
- **Hôpital Armand Trousseau à Paris** : école de l'allergie alimentaire.

Par ailleurs, auprès d'associations **pour personnes allergiques**, vous trouverez également une écoute et des informations utiles pour vous former et sensibiliser vos enfants. Vous pourrez partager avec d'autres parents vos préoccupations concernant les allergies. Ces associations, par exemple **l'Afpral** (www.afpral.asso.fr) et **l'association Asthme & allergies** (www.asthme-allergies.org), favorisent les échanges entre les familles. J'ai participé cette année avec une association de Nantes (V.A.A., Vivre Asthmatique et/ou Allergique) à des goûters pour enfants allergiques dans un café pour enfants : les enfants ont préparé eux-mêmes une recette sans allergènes et ont dégusté ensemble avec fierté et grand plaisir un délicieux gâteau au chocolat. Belle initiative dont les enfants se souviennent avec joie !

Étiquetage :

L'une des activités les plus fréquentes chez le parent d'enfant allergique est la lecture des étiquettes de produits alimentaires… Activité nécessaire qui prend un certain temps (et même un temps certain !) et allonge considérablement le moment des courses ! Cette lecture est une traque aux allergènes qui peuvent se cacher sous des noms ou des sigles différents.

Par exemple, le lait de vache pouvait se retrouver sous les dénominations suivantes : protéine de lait, lactoprotéine, protéine du lactosérum, caséine, caséinate, lactalbumine, lactose, margarine, crème, beurre…

L'œuf, quant à lui, pouvait apparaître sous les noms : blanc d'œuf, jaune d'œuf, protéine d'œuf, protéine animale, liant protéique, ovalbumine, ovomucoïde, ovomucine, lysosyme (E1105), lécithine d'œuf (E322), lécithine…

Heureusement, depuis novembre 2005, une directive européenne oblige les industriels à indiquer **clairement** les aliments utilisés dans leurs recettes. Il y a eu une première liste de 12 allergènes, puis actuellement de 14, parmi les aliments posant le plus fréquemment des problèmes d'allergie.

■ Les aliments à étiquetage obligatoire (directive européenne 2003/89/CE) :

- Céréales contenant du gluten (blé, seigle, orge, avoine, épeautre, kamut ou leurs souches hybridées) et produits à base de ces céréales
- Crustacés et produits à base de crustacés
- Œufs et produits à base d'œufs
- Poissons et produits à base de poisson
- Arachides et produits à base d'arachides
- Soja et produits à base de soja
- Laits et produits à base de lait (y compris le lactose)
- Fruits à coques : amandes, noisettes, noix, noix de cajou, noix de pécan, noix du Brésil, pistache, noix de macadamia, noix du Queensland ainsi que tous les produits à base de ces fruits
- Céleri et produits à base de céleri
- Moutarde et produits à base de moutarde
- Graines de sésame et produits à base de graines de sésame
- Anhydride sulfureux et sulfites > 10 mg/kg (ou 10 mg) exprimées en SO2
- Lupin et produits à base de lupin
- Mollusques et produits à base de mollusques

Cette avancée est bien entendu plus sécurisante pour les personnes allergiques qui peuvent connaître, de façon plus sûre, la composition des produits qu'ils achètent. Cela dit, on voit fleurir des mentions telles que « peut contenir... », « présence éventuelle de... », « présence possible... », « peut contenir des traces de... » ou encore « fabriqué dans un atelier qui utilise de... » sans préciser la quantité que renferment ces produits. Ces nouvelles mentions rendent impossible la consommation de ces aliments par les personnes allergiques, et complique sérieusement le choix des aliments. En agissant de cette façon, les industriels « ouvrent leur parapluie », se protégeant d'éventuelles attaques en cas de réactions allergiques avec leurs produits. Il existe donc sur le marché des produits ne contenant aucun des allergènes dans les ingrédients mais qui portent tout de même une mention « peut contenir... ».

À cause de cela, la vie des personnes allergiques s'en trouve encore plus compliquée puisque ces mises en garde réduisent le nombre de produits accessibles.

F
comme Fêtes

Les fêtes de famille ou chez les amis sont des moments où il y a potentiellement, plus de risques pour l'enfant allergique : davantage de gens, non informés du problème, davantage d'aliments allergènes sur la table et dans les mains des invités... Il est donc nécessaire de donner un minimum d'informations aux gens qui sont présents. En premier lieu, leur dire de ne rien donner à l'enfant sans demander aux parents leur aval, puis se laver les mains et la bouche après avoir mangé sont deux précautions très souhaitables. Également, il est préférable d'expliquer aux autres enfants qui vont manger à proximité du vôtre qu'il ne peut pas manger certains aliments, que sinon il pourrait être très malade. Cela leur évitera de le tenter avec des aliments interdits. Expliquez-leur gentiment et clairement, sans dramatiser. Ils seront compréhensifs et prêts à faire des efforts pour que leur copain ou copine ne soit pas malade.

Un moyen de limiter les contacts avec des aliments problématiques, c'est de servir l'enfant allergique en premier, avec des couverts n'ayant servi à rien d'autre et d'ouvrir un pot de confiture ou de miel de préférence neuf, pour être sûr qu'aucune cuillère ou couteau n'ait été en contact auparavant avec un aliment qui pourrait poser problème. Donner un verre et une serviette bien identifiés pour qu'il n'y ait pas d'échange possible (choisir une couleur bien identifiée, par exemple). Nettoyer rapidement la table après le repas est aussi un bon moyen d'éviter les contacts indésirables avec des miettes.

D'autre part, mettre l'accent sur les activités proposées, les personnes rencontrées, les discussions, les jeux réalisés plutôt que sur le repas ou le goûter, sera une démarche intéressante de la part des parents. La discussion avec votre enfant, après la fête, n'en sera que plus riche. Elle lui permettra de discerner ce qu'il y a de plus important : les contacts humains, le partage, les échanges… et pas seulement le repas !

Pour découvrir de délicieux desserts et des solutions alternatives pour profiter pleinement des fêtes malgré les allergies alimentaires, ne manquez pas mon prochain livre consacré aux desserts de fête, afin de pouvoir vivre pleinement ces moments de convivialité, comme tout le monde !

G
comme Goûters

■ Pour les ***goûters*** où votre enfant est invité en votre absence, les choses sont plus difficiles, puisqu'il faut à ce moment-là donner toute la responsabilité aux personnes qui invitent. Il faut prévoir d'expliquer, avant la fête, aux parents qui invitent ce que l'on attend d'eux. Certains préféreront que vous restiez avec eux sur place, d'autres prendront la responsabilité de la trousse d'urgence et du déroulement du goûter.

Bien expliquer le protocole, prendre le temps de montrer l'utilisation de la seringue d'adrénaline est nécessaire. Laisser les numéros d'urgence et votre numéro de téléphone pour vous joindre si besoin ou pour la moindre question. Mais surtout, bien leur dire que la prévention est la clé d'un goûter sans souci. Le fait d'éviter le contact avec les aliments interdits permettra la réussite de ce moment convivial. Soit il faut apporter soi-même le goûter de votre enfant (se renseigner avant sur ce qui est prévu, pour préparer quelque chose de similaire), soit il faut voir au préalable avec les parents qui invitent ce qui peut être compatible avec le régime alimentaire de votre enfant.

■ Pour l'anniversaire de votre enfant, cette fois-ci, ce sera aux autres de s'adapter ! Faites en sorte de réaliser les desserts et plats qu'il aime. Puisque c'est son jour de fête, c'est lui qui est privilégié. Ainsi vous serez tranquille, il n'y aura aucun allergène pour lui gâcher la fête !

H
comme Handicap social

Cette expression peut paraître forte, mais elle n'est pas exagérée, tant les allergies peuvent freiner beaucoup de choses qui paraissent banales à tout un chacun. Sortir au restaurant, aller manger une glace, partir en vacances, voyager en avion, partir à l'étranger… autant d'activités qui peuvent être freinées ou empêchées, tellement elles sont sources de risques et d'angoisses. Rien ne peut être laissé au hasard. Tout doit être anticipé, préparé, organisé. Tout se doit d'être prévu : on ne peut pas se dire qu'on déjeunera au restaurant, par exemple, sans avoir prévu d'apporter le repas de notre enfant avec nous. Cela dit, certaines personnes n'ayant qu'une allergie, par exemple, ou bien des allergies à des aliments facilement évitables et repérables, pourront prendre l'initiative d'aller voir le chef cuisinier pour lui demander s'il est possible de cuisiner des plats sans les aliments allergènes. Attention toutefois, car dans une cuisine de restaurant, les contacts entre aliments sont extrêmement fréquents, donc à vous de juger si cela est sécurisant pour vous ou non. Pour ma part, je ne prendrais pas ce risque (il y aurait trop d'allergènes à exclure, le cuisinier en perdrait la tête !) et je préfère apporter le panier-repas plutôt que de me demander pendant tout le repas si tout ira bien.

Pour les vacances, une location avec un espace pour cuisiner est nécessaire afin de préparer les repas, dont le soin ne peut être laissé à autrui. Adieu donc les hôtels, les chambres d'hôtes, les séjours dans des clubs de vacances, les croisières, certains parcs d'attractions pour enfants où l'on ne vous autorise pas à apporter votre propre pique-nique (sauf si vous avez sur vous le protocole de soins et d'urgence avec les recommandations du médecin).

Les colonies de vacances, les voyages scolaires de plus d'une journée ne sont pas toujours facilement envisageables (lorsque les allergies sont nombreuses et difficiles à gérer sur une durée de quelques jours pour des personnes non averties). Il y a tout de même la solution pratique des plateaux-repas garantis sans allergènes proposés par la société CLARELIA (voir sur le site www.natama.fr). La vie de la personne allergique, et particulièrement celle de l'enfant, est donc souvent difficilement compatible avec une vie sociale classique. En tout cas, elle nécessite souvent des aménagements particuliers.

I
comme Interdits et Imagination

Les ***interdits*** sont nombreux dans la vie d'un enfant allergique, aliments interdits, gestes interdits (toucher la nourriture ou les couverts de ses voisins de table, faire des bisous à quelqu'un qui a mangé un aliment problématique…). Pour un enfant, ces interdits peuvent être difficiles à porter, quotidiennement. Un peu de légèreté dans sa vie est nécessaire pour son équilibre pour contrebalancer les effets de ces interdits.

L'***imagination*** est donc l'une des qualités principales dont vous aurez besoin pour faire face à toutes les situations du quotidien. Le distraire de ces interdictions, inventer une histoire merveilleuse pour surmonter ses frustrations, jouer beaucoup avec lui sont des éléments pour améliorer son quotidien. Votre imagination est à développer tous les jours pour trouver de nouvelles idées en cuisine, en pâtisserie, et dans maintes activités qui pimenteront et coloreront le quotidien de la famille.

J
comme Jeu

Pour compenser les frustrations que peuvent engendrer les allergies, veillez à ce que votre enfant s'épanouisse dans des activités ludiques variées et riches :

Selon l'âge de votre enfant, vous choisirez des jeux adaptés : jeux de mots ou jeux sur les sons (le jeu du « ni oui ni non », le jeu des rimes « Dans mon jardin, il y a un lapin ; dans mon lit, il y a un wapiti », etc.), les jeux de pliage de papiers (origami), de construction, jeux de société, les loisirs créatifs, le bricolage, etc.

Il est important que l'enfant ait des points forts pour se sentir à l'aise, afin de gommer le poids des contraintes qui lui sont imposées… Les activités sportives et artistiques seront également choisies de façon à favoriser son équilibre personnel et son épanouissement.

K
comme Kiwi et autres fruits

Dans les familles au terrain allergique connu, on conseillait jusqu'ici de retarder l'introduction du ***kiwi*** et des autres fruits exotiques dans l'alimentation (pas avant un an). Ce n'est plus vrai aujourd'hui. D'ailleurs, plus généralement, la diversification alimentaire des bébés se fait beaucoup plus tôt que ces dernières années, entre l'âge de 4 à 6 mois. Ce serait la meilleure période pour que l'organisme de l'enfant tolère bien les aliments. L'allergie au ***kiwi*** peut être couplée avec d'autres fruits ou plantes : latex, banane, avocat… On parle alors d'allergie croisée. En cas d'allergie au ***kiwi***, on prendra garde au mélange de fruits exotiques dans les jus et boissons qui peuvent en contenir.

L

comme Lait de vache

Le ***lait de vache*** est un aliment culturellement très présent en France dans l'alimentation des enfants, tout comme les produits laitiers : fromage, yaourts, fromage blanc, etc. Devoir le supprimer de l'alimentation peut paraître problématique. Pourtant, ailleurs dans le monde, ces aliments n'existent pas ou peu et les gens n'ont pas de carences particulières en calcium. On peut donc le trouver dans d'autres aliments, notamment dans les légumes verts (brocoli, cresson, épinards, persil, etc.), les fruits secs (figues sèches) ou à coque (amandes, noisette, etc.), les sardines en boîte (avec arêtes), les poissons, les fruits de mer, les algues (wakamé, etc.), les œufs, etc. Certaines eaux minérales peuvent contribuer à compléter l'apport en calcium.

Pour remplacer le ***lait de vache***, notamment pour la préparation de desserts ou pour le petit-déjeuner, on peut utiliser du lait de riz, du lait d'amandes (ou un mélange des deux) du lait d'avoine, si l'on tolère ces aliments. Certains de ces laits sont enrichis en calcium. **Demandez toujours l'avis de l'allergologue** avant de remplacer le ***lait de vache*** par un autre lait (il existe des allergies croisées avec le lait de chèvre, de brebis, et aussi avec le lait de soja : 30 % des enfants allergiques au ***lait de vache*** le sont également aux protéines de soja et 70 % d'entre eux le sont aux protéines de lait de chèvre). Pour les bébés, l'allaitement maternel sera la meilleure des alimentations (en cas d'allergies avérées, la maman veillera à supprimer ces aliments de sa propre alimentation afin qu'il n'y ait pas de trace dans son lait). Si l'allaitement maternel n'est pas possible, il existe en pharmacie des « laits » appelés « hydrolysats » (Nutramigen, Pepti-Junior, Pregomine), que l'on obtient sur ordonnance médicale.

M
comme **M**oral d'acier

Il faut un moral d'acier pour faire face à tous ces soucis et préoccupations, c'est indéniable, mais l'amour que nous portons à nos enfants nous aide à affronter le quotidien et nous permet de voir l'avenir avec espoir…

Lorsque les situations sont vraiment insurmontables, et il y en a parfois, lorsque nous voyons notre enfant souffrir de ses allergies, de son eczéma ou de son asthme, lorsque malgré tous nos efforts, il ne va pas bien, le désespoir peut nous envahir. Il ne faut pas hésiter, dans les moments difficiles, à se faire aider par un psychothérapeute, ou à intégrer un groupe de parents vivant les mêmes épreuves. La parole et les échanges peuvent nous aider à mieux vivre un quotidien parfois bien difficile.

N
comme **N**oix, **N**oix de cajou, **N**oisette

L'allergie aux fruits à coque (groupe composé de l'amande, la noisette, la noix, la noix de cajou, la noix de pécan, la noix du Brésil, la noix de macadamia, la noix du Queensland, la pistache, le pignon de pin) peut entraîner des réactions particulièrement graves mettant en jeu la vie de la personne allergique.

À noter : la noix de coco ne fait pas partie de ce groupe d'aliments.

O
comme **Œ**uf

C'est l'aliment-phare de toute pâtisserie classique… Et c'est justement quand on n'a plus le droit de l'utiliser qu'on se rend compte du rôle prépondérant de l'***œuf*** dans un gâteau… Il sert de liant, d'émulsifiant. Quand on est obligé de s'en passer, il faut trouver des alternatives, si l'on ne veut pas se retrouver avec un gâteau de miettes !

La gomme de guar et l'arrow-root sont intéressants à utiliser dans les gâteaux et préparations pour remplacer l'***œuf***. On les trouve en magasin bio. Dans les recettes qui suivent, vous trouverez de nombreux exemples de remplacement de l'***œuf***.

P

comme P.A.I. Projet d'accueil individualisé et Protocole de soins d'urgence

(voir aussi R comme Rentrée scolaire)

À l'école et plus largement dans les établissements d'accueil de la petite enfance, les enfants allergiques sévères bénéficient de la mise en place d'un **projet d'accueil individualisé**, selon la circulaire n° 2003-135 du 8 septembre 2003. Cette circulaire est applicable dans les écoles, les établissements publics locaux d'enseignement relevant du ministère chargé de l'éducation nationale et du ministère chargé de l'agriculture, les établissements privés sous contrat. Elle sert de cadre de référence aux établissements d'accueil de la petite enfance (crèches, haltes-garderies, etc.) et aux centres de vacances et de loisirs.

Le projet d'accueil individualisé est établi, à la demande des parents, par le directeur d'école ou le chef d'établissement, en concertation avec l'allergologue de l'enfant et le médecin scolaire ou le médecin de la structure d'accueil, et en présence d'un représentant de la commune. Le P.A.I. définit les adaptations à apporter à la scolarité de l'élève. Il autorise la prise de médicaments par voie orale inhalée ou auto-injectable pour les allergies sévères dans l'enceinte de l'école, et incite les responsables des mairies et des restaurations scolaires à autoriser les paniers-repas préparés et apportés par les parents. Certaines mairies proposent des plateaux-repas excluant un grand nombre d'allergènes. Ce peut être une solution bien pratique. Le projet d'accueil individualisé organise les soins dans le cadre de l'urgence (traitement médical incluant une injection d'adrénaline et soins d'urgence), mentionne les personnes à prévenir et précise les symptômes de l'allergie alimentaire. Il précise aussi les aménagements pédagogiques éventuels. Le traitement des réactions allergiques est adapté à la gravité de la situation.

Q

comme Quincke (Œdème de Quincke) et autres réactions graves…

« **Œdème de Quincke** », « **Choc anaphylactique** », voilà des mots qui font tirer la sonnette d'alarme. Ils définissent les réactions les plus graves en termes de réactions allergiques. Ces réactions doivent être prises en charge immédiatement, d'où la nécessité de la proximité de la trousse d'urgence (voir à la lettre ***T comme « Trousse d'urgence »***).

Ces réactions nécessitent une prise en charge médicale urgente. Il faut suivre à la lettre les consignes du protocole de soin et d'urgence remis par l'allergologue.

■ L'œdème de Quincke

L'œdème de Quincke est une forme particulière d'urticaire associée à un œdème du larynx. Il est souvent localisé au niveau du visage[1], au niveau des lèvres et des paupières. Il survient brutalement et s'étend de la peau vers la gorge et le larynx, pouvant provoquer une sensation d'étouffement et une voix rauque. Il nécessite une prise en charge très rapide.

Si vous êtes seul :

1. Administrer l'antihistaminique, l'anti-inflammatoire, le bronchodilatateur, et en cas de réaction majeure, procéder à une injection d'adrénaline sur la face antéro-externe de la cuisse.
2. Appeler le SAMU (15).

Si vous êtes plusieurs :

1. Faire appeler le SAMU (15).
2. Pendant ce temps, administrer l'antihistaminique, l'anti-inflammatoire, le bronchodilatateur, et en cas de réaction majeure, procéder à une injection d'adrénaline sur la face antéro-externe de la cuisse.

■ Le choc anaphylactique

Le choc anaphylactique correspond à une réaction allergique grave – c'est la plus violente –, pouvant évoluer dans de rares cas vers la mort. Les réactions de ce type arrivent très rarement, heureusement. La réaction allergique survient dans tous les tissus de l'organisme : en quelques minutes peuvent se produire une chute de la tension artérielle, une accélération de la fréquence cardiaque et un malaise. Le choc anaphylactique débute en général par l'apparition de démangeaisons suivies d'une urticaire qui s'étend progressivement sur tout le corps. Une crise d'asthme, des nausées et des douleurs abdominales peuvent accompagner ces manifestations.

1. Allonger l'enfant en position latérale de sécurité.
2. Procéder à une injection d'adrénaline sur la face antéro-externe de la cuisse. Faire appeler le SAMU (15).

1 Un œdème de la face, sans autre symptôme, n'est pas grave. En revanche, dès que l'**œdème** est **laryngé**, c'est un cas grave, il y a urgence à intervenir.

Les autres réactions allergiques possibles :

- Eczéma
- Urticaire
- Rhinite allergique
- Œdème des lèvres, de la paupière
- Crise d'asthme
- Conjonctivite
- Douleurs abdominales
- Nausées, vomissements, diarrhée
- Picotements dans la bouche, dans la gorge

R comme Rentrée scolaire

C'est un moment crucial dans l'année, puisque tout se met en place, l'enfant change d'enseignant, d'activités de loisirs. À chaque nouvelle rentrée, il faut donc recommencer toutes les explications, et ce, plusieurs fois avec plusieurs interlocuteurs qui peuvent être parfois nombreux (enseignant, A.T.S.E.M.[2], personnel de restauration scolaire, chauffeur de car, personnes de l'accueil périscolaire, professeurs qui encadrent les activités de loisirs, de sport, de musique, etc.). Prévoyez, si possible juste avant la rentrée, un entretien avec l'enseignant, le médecin scolaire, l'A.T.S.E.M., les agents du périscolaire, le personnel de restauration scolaire, etc. Préparez bien votre réunion.

Expliquez le plus simplement possible et de manière claire l'état de santé de votre enfant, les conséquences possibles de ses allergies, et surtout insistez sur la rigoureuse vigilance de chaque instant. Expliquez bien que l'essentiel est dans la prévention et dans l'éviction des aliments, et qu'il n'y aura pas de problème si chacun fait bien attention à tout. Insistez aussi sur la nécessité d'emmener la **trousse d'urgence** partout, elle ne doit pas quitter l'enfant.

N'hésitez pas à donner une feuille récapitulative de tout ce que vous attendez de la part de chaque personne, et surtout, faites des photocopies du **P.A.I.** et du **protocole de soins d'urgence**, afin que toutes ces personnes puissent le consulter tranquillement à tête reposée, et pas seulement le jour où ce sera nécessaire. Pour la classe (et le périscolaire), vous pouvez par exemple préparer une affichette avec une photo récente de votre enfant sur laquelle vous indiquerez la liste des aliments interdits, les numéros d'urgence et la référence au protocole et à la trousse d'urgence. Cette affichette peut être accrochée dans la classe (en cas de remplacement imprévu d'enseignant, cela sera bien

2 A.T.S.E.M. : Agent Territorial Spécialisé de Écoles Maternelles, qui seconde l'enseignant en classe de maternelle (en France).

utile !), à l'accueil périscolaire, à la cantine, etc. Elle permet de rappeler la spécificité de votre enfant, qui, par ailleurs, ressemble à tous les autres, dans les moments où tout va bien. Vu le nombre d'enfants de la classe et du périscolaire, il est utile de bien marquer l'importance à accorder à votre enfant. Il ne peut être traité comme un enfant lambda.

Pour la classe, vous pouvez prévoir une boîte à goûters, que vous remplirez de collations autorisées (biscuits, bonbons, compotes longue conservation, etc.). Elles serviront les jours où auront lieu les anniversaires des copains, au cas où vous n'auriez pas été prévenu et si vous n'avez pas apporté un gâteau pour l'occasion.

À ce propos, lors de la réunion de rentrée que ne manquera pas d'organiser l'enseignant de la classe, vous pouvez aborder avec les autres parents le sujet des allergies de votre enfant. Demandez-leur gentiment de vous prévenir lorsqu'il y a des anniversaires afin de pouvoir préparer et apporter un gâteau sans allergènes pour votre enfant. Il se sentira ainsi davantage de la fête !

Si vous estimez que les gâteaux d'anniversaire apportés par les familles sont trop risqués pour votre enfant, même s'il n'en mange pas, mais simplement à cause des risques de contacts avec les mains des autres enfants, expliquez clairement aux parents les réactions allergiques possibles et proposez d'autres façons tout aussi conviviales de fêter l'enfant (jeux, carte d'anniversaire signée par tous, chanson, etc.).

Il se peut d'ailleurs que l'enseignant préfère la solution de sécurité qui consiste à bannir purement et simplement les risques, donc les gâteaux et autres confiseries ! On pourra également proposer de faire souffler les bougies sur un support non alimentaire. Demandez à l'enseignant s'il a l'intention d'organiser pour ses élèves des ateliers de cuisine. L'idéal est qu'il vous prévienne et vous demande avant si les ingrédients choisis sont compatibles avec les allergies de votre enfant. Proposez-lui éventuellement des recettes que votre enfant pourra tester avec ses camarades sans danger.

Insistez auprès de l'A.T.S.E.M. et de l'enseignant pour que les enfants se lavent bien les mains après avoir mangé un goûter, c'est extrêmement important, et également de bien nettoyer les tables afin de ne pas encombrer la classe d'allergènes indésirables. Si l'enseignant a prévu de faire des plantations avec les enfants, il est souhaitable de savoir quelles plantes seront manipulées.

Concernant le temps des récréations, même s'il est interdit la plupart du temps d'apporter des goûters, certains enfants en ont, malgré tout.

Demandez à ce que la surveillance soit accrue, notamment si votre enfant n'est pas en âge de savoir dire « non » devant un bonbon ou un biscuit inconnu.

Concernant les sorties scolaires d'une journée, prévenez l'enseignant qu'il est souhaitable que l'un des deux parents accompagne (en fonction, bien sûr, de l'âge de l'enfant). La première année de classe de notre fille, une maman bien intentionnée a voulu lui donner un gâteau. Heureusement que son papa accompagnait, sinon, ce geste anodin serait passé inaperçu… jusqu'au moment où le pire aurait pu se produire.

Confier son enfant à un enseignant

La surveillance sérieuse d'un enfant allergique demande à l'enseignant une vigilance accrue et une attention toute particulière… sachant qu'il a parfois 28 à 30 autres enfants sous sa responsabilité. Ce n'est donc pas chose facile, loin de là ! Si votre enfant est en maternelle, l'aide d'une personne de l'A.T.S.E.M. sera un atout supplémentaire, d'autant plus que c'est souvent elle qui s'occupe par exemple des goûters d'anniversaire. Cette personne devra veiller à ce que l'enfant ne touche pas et ne prenne pas d'aliments dangereux pour lui. Vous pourrez montrer votre reconnaissance en proposant votre aide dès que l'enseignant demande la participation des parents (sortie scolaire, activités à la piscine, à la bibliothèque…).

S

comme Sortie (scolaire ou en famille)

Au restaurant :

Si vous vous octroyez une sortie au restaurant, prévoyez pour votre enfant un bon petit repas qu'il apprécie, qui sera réchauffé sur place. Pensez à bien préciser ce que vous attendez du serveur : cela vous évitera des soucis. En voulant bien faire (« C'était pour faire plaisir à la petite ! »), on nous a rapporté l'assiette joliment décorée… avec des aliments non identifiés tout autour de l'assiette. Moment de panique ! Selon le personnel, il n'y avait pas eu de contact entre la décoration et le plat que j'avais préparé. Mais le plat est reparti et l'assiette a été changée.

Le repas s'est bien passé. Ouf !

Sortie scolaire :

Dans l'idéal, et surtout si votre enfant est très jeune, accompagnez-le, vous pourrez ainsi veiller sur lui, notamment au moment du repas. Si vous ne le pouvez pas, renseignez-vous à l'avance sur les accompagnateurs et voyez avec l'enseignant qui sera chargé du groupe de votre enfant. Rappelez-lui d'emmener la trousse d'urgence (elle doit être proche de l'enfant, dans un sac à dos par exemple). Lorsque vous pensez que votre enfant est suffisamment responsable pour se prendre en charge et gérer seul son repas en évitant les contacts avec les aliments qu'il doit éviter, vous pouvez le laisser aller seul en sortie scolaire. C'est une question de maturité, d'autonomie et de confiance. Les sorties scolaires sont des moments où la surveillance n'est pas facile, la classe bouge, les adultes sont concentrés sur le groupe et peuvent difficilement s'occuper d'un enfant en particulier, donc vos consignes se doivent d'être extrêmement claires. Rappelez bien sûr à votre enfant ce qu'il a le droit de faire ou de ne pas faire, et dites-lui d'aller immédiatement voir son enseignant s'il a le moindre souci.

T

comme Trousse d'urgence

À emmener absolument partout ! C'est votre meilleure alliée ! Elle doit être à proximité immédiate de l'enfant (ne la laissez pas dans la voiture, mais gardez-la avec vous). Il faut autant de trousses d'urgence que de lieux fréquentés par votre enfant (chez l'assistante maternelle, à la maison, dans la classe, au restaurant scolaire, au périscolaire, dans le sac pour les activités de loisirs). Là encore, il faut progressivement responsabiliser votre enfant, qui, peu à peu, devra penser à la prendre avec lui sans compter sur personne.

N'hésitez pas à mettre des pense-bêtes dans la maison ou la voiture, afin de ne pas oublier la trousse d'urgence. C'est l'objet qui vous sécurisera et qui pourra sauver la vie de votre enfant. Nous l'avons oubliée une seule fois, un soir où nous étions au restaurant, en vacances, je dois dire que nous n'étions pas très sereins… même si notre fille avait son panier-repas ! Veillez à renouveler les médicaments et le stylo d'adrénaline à la date de péremption, le mieux est de s'assurer que les médicaments seront valables pour l'année scolaire, pour plus de tranquillité afin ne pas à avoir à le changer en cours d'année.

En général, la trousse peut être composée :

- du protocole de soins et d'urgence rédigé par le médecin allergologue,
- d'un antihistaminique (Clarytine, Aerius, Primalan, Zyrtec…),

- d'un anti-inflammatoire (Solupred, Celestène…),
- d'un stylo injectable d'adrénaline (Anapen),
- d'un broncho-dilatateur (Ventoline…).

Attention! Il ne faut pas laisser la trousse d'urgence dans une voiture: une température élevée rendrait inefficaces les médicaments.

N.B. Il existe des ***Anapen Trainer*** qui permettent de se familiariser avec la manipulation du stylo auto-injecteur. Pratique et rassurant, l'***Anapen trainer*** permet de s'entraîner à effectuer l'injection d'adrénaline, geste qui inquiète souvent. Vous pourrez le faire essayer facilement à l'entourage de votre enfant. Ainsi, en cas de besoin, les personnes sauront pratiquer ce geste qui sauve. On peut se les procurer en pharmacie ou en commander par courrier à **CSP – Service Administration des Ventes – 76 avenue du Midi 63800 COURNON,** accompagné d'un chèque de 10 euros à l'ordre de CSP.

U

comme Ustensiles de cuisine

Il faut veiller à ce que les couverts utilisés par votre enfant ne le soient pas par d'autres (veillez, par exemple, à ce que la petite cousine ne prenne pas la fourchette de votre enfant pour aller la plonger dans un concentré d'allergènes, pour ensuite, la remettre dans l'assiette de votre enfant!). Veillez à ce que les plats ne soient pas pollués par des fourchettes ou couteaux ayant touché un allergène. Pour cela, mettez à disposition un nombre suffisant de cuillères, couteaux, fourchettes à table. Mieux vaut avoir plus de vaisselle à faire que de devoir aller aux urgences! Faites-y particulièrement attention lorsque vous avez des invités, qui, eux, ne sont pas rompus à ces principes de sécurité. Même si vous les informez en début de repas qu'il faut être vigilant et changer de couteau pour se servir d'un plat dont votre enfant peut se resservir ensuite, il vous faudra surveiller tout votre petit monde, les gens font des gestes machinalement et oublient facilement, sans le vouloir… Nous en avons parfois subi les conséquences: un melon coupé avec un couteau ayant préalablement servi à couper du beurre nous a valu une sympathique urticaire.

Même consigne pour les poêles et les casseroles. Il est parfois préférable, si votre enfant est extrêmement sensible, de lui réserver des casseroles et une poêle qui ne serviront qu'à lui. Effectivement, parfois, les graisses ou aliments utilisés, même si les poêles sont très bien lavées, restent à l'état de traces dont il convient de se méfier. Quand vous cuisinez pour vous, si vous utilisez des aliments auxquels votre enfant est allergique, pensez bien à ne pas mettre en contact avec ces aliments des objets (torchons, serviettes, couverts, éponges…) que votre enfant pourrait toucher. Si vous cassez des œufs, lorsque vous vous essuyez les mains, pensez à mettre le torchon hors de portée de votre enfant s'il y est allergique ou mettez-le au lavage rapidement. Quand vous cuisinez, nettoyez rapidement la table qui a servi, il ne faut pas laisser de traces d'aliments pouvant poser problème. Si vous utilisez un four à micro-ondes, il est essentiel de couvrir à chaque fois vos préparations pour éviter les contaminations entre aliments. Nettoyez-le très fréquemment afin d'éviter tout problème.

- Pour servir de la crème glacée, changez de cuillère pour chaque parfum.
- Évitez les aliments en vrac, susceptibles d'avoir été « contaminés » par des allergènes.
- Attention également au sel de cuisine : ne le prenez pas avec les doigts mais plutôt avec une cuillère (les doigts peuvent avoir touché des aliments allergènes).
- Gare aux éclaboussures si vous cuisinez deux plats en même temps !

V
comme Voyage et Vacances

Les vacances doivent être préparées rigoureusement afin de vous éviter des déconvenues. Dans un lieu inconnu, il peut être intéressant de prévoir des réserves de base pour le séjour, certains produits ne se trouvant pas toujours facilement. De plus, cela vous évitera d'avoir à écumer les magasins au lieu de profiter des vacances. Si vous partez à l'étranger, pensez à la lecture des étiquettes dans les magasins. Il n'y a pas systématiquement de traduction et il est bien sûr fortement déconseillé d'acheter des produits à l'aveuglette. Choisissez dans l'idéal une location disposant d'un coin cuisine, ou optez pour le camping, vous pourrez ainsi librement et en toute sécurité préparer les repas de votre enfant. Emportez bien entendu avec vous la trousse d'urgence qui devra suivre votre enfant comme à la maison (attention, dès que les repères changent, on peut facilement oublier ! Soyez donc vigilant !).

Si vous devez prendre l'avion, renseignez-vous auprès des compagnies aériennes et signalez le cas de votre enfant. Demandez si des collations avec des arachides sont servies : en effet, dans un espace clos comme celui d'un avion, les molécules d'arachides ou d'autres aliments, en suspension dans l'air, peuvent être inhalées facilement. Il a été rapporté plusieurs cas de réactions allergiques à l'arachide dans des avions. Il est utile de connaître ce risque assez élevé avant de voyager en avion.

NB: AIR FRANCE propose désormais les plateaux-repas Natâma aux personnes allergiques.

Veillez à avoir sur vous votre certificat médical et le protocole de soins et d'urgence, ils seront la preuve que vous ne pouvez pas vous passer de la trousse d'urgence, que vous devez garder à proximité de votre enfant.

Si vous allez dans des parcs d'attraction, préparez bien votre voyage car certains parcs n'autorisent pas les pique-niques personnels et obligent les gens à consommer dans les restaurants à l'intérieur du parc, chose impossible pour certains de nos enfants. Si vous vous munissez d'un certificat médical, du protocole de soins d'urgence et de la trousse d'urgence, cela vous permettra d'introduire dans le parc le repas de votre enfant (prévoyez des boîtes hermétiques pour les aliments). Depuis quelques années, dans ces parcs, il est parfois proposé aux personnes allergiques un plateau-repas sans allergènes (voir le site internet de la société CLARELIA, www.natama.fr).

Avant votre voyage, renseignez-vous auprès des parcs d'attraction sur les possibilités offertes aux personnes allergiques.

W
comme Web

Des ressources précieuses sur internet à propos des allergies:

■ En France:

Allergiques.org:
www.allergique.org
Afpral:
www.afpral.asso.fr
Association Asthme & allergies:
www.asthme-allergies.org
Au bonheur des enfants allergiques:
www.aubonheurdesenfantsallergiques.fr
Vivre allergique et/ou asthmatique:
vaa44.eklablog.fr
Allergienet: hwww.allergienet.com
Cercle d'Investigations Cliniques et Biologiques en Allergologie Alimentaire:
www.cicbaa.com/index.html
AlergikOzeu. Info:
www.alergikozeu.info

CLARELIA, la transparence alimentaire, plateaux-repas Natâma :
www.natama.fr
Parallerg :
www.parallerg.com

■ Au Québec :

Site de Marie Josée Bettez :
www.dejouerlesallergies.com
Les allergies alimentaires :
www.lesallergiesalimentaires.com
Félix et les allergies :
www.felixetlesallergies.com
Association québécoise des allergies alimentaires (AQAA) :
www.aqaa.qc.ca
Association d'information sur l'allergie et l'asthme (AIAA) :
www.aaia.ca
Association pour l'asthme et l'allergie alimentaire du Québec :
asthmedia.org

■ D'autres ressources :

quelques titres de livres pour enfants à conseiller, comme support pour parler des allergies :

Les œufs n'aiment pas Margaux, Margaux a une allergie alimentaire, Martine Hervé-Guillot, Nadia Lahlou, Pascale Collange, Médi-Text Éditions, 2002.

Allergique comme Clara ! L'École d'Agathe, tome 32, Pakita (auteure) et Jean-Philippe Chabot (illustrateur), Éditions Rageot Jeunesse, 2004.

Pas de noix pour Sara, Sylvie Louis (auteure) et Romi Caron (illustrateur), Éditions Enfants Québec, 2009.

X

comme X, l'inconnue de l'équation...

Le domaine de la recherche sur les allergies est un vaste champ à défricher encore. À l'heure actuelle, personne ne peut vraiment prévoir l'évolution d'une allergie, sa disparition, l'apparition d'une autre car les mécanismes sont très complexes. Peu de certitudes encore, beaucoup de mystère. Les allergies sont les inconnues de notre quotidien... Cependant, des tests de réintroduction des allergènes sous contrôle hospitalier sont tentés et permettent souvent d'induire une tolérance à l'aliment (lait, arachide, œuf, etc.). Une hospitalisation d'un ou plusieurs jours (le protocole est différent selon les aliments) permet de procéder à ces réintroductions.

Y
comme Yaourt

Pour les enfants allergiques au lait de vache, les yaourts sont proscrits. À vous de créer d'autres desserts, à base de laits végétaux autorisés, et vos desserts ne seront pas tristes ! Le lait de riz, le lait d'amandes (ou le mélange des deux) donnent de délicieux résultats, à découvrir dans les recettes qui suivent. Le lait de soja ou d'avoine pourront être utilisés aussi, sauf en cas d'allergie au soja pour l'un ou au gluten pour l'autre.

Z
comme Zen

Espérons que tous ces conseils vous permettront de l'être davantage !

Repérage et éviction des allergènes dans les recettes (à lire attentivement)

Même si le livre de recettes idéal pour personnes allergiques n'existe pas, puisqu'il n'y a pas deux profils identiques en matière d'allergie, j'ai cependant tenté, dans cet ouvrage, de composer des recettes un peu « à la carte », de manière souple, pour que chacun y trouve des solutions alternatives, en fonction de ses allergies.

■ **La plupart des recettes sont réalisables en excluant systématiquement les aliments suivants :**

- Arachide
- Lait de vache et produits laitiers
- Œuf et produits à base d'œuf
- Soja
- Sésame
- Fruits à coque : noix, noix de cajou, noix de macadamia, noisette, noix de pécan, noix du Brésil, pistache
- Céleri
- Moutarde
- Lupin
- Mollusques et crustacés
- Poisson et produits à base de poisson

■ **Sur d'autres recettes,** des allergènes peuvent apparaître mais des solutions alternatives (toujours signalées entre parenthèses) pour les éviter sont proposées. Cela permet à un plus grand nombre de personnes de réaliser ces recettes en les adaptant à leur régime alimentaire.

■ **Toutefois, pour quelques recettes, certains allergènes n'ont pas pu être remplacés** (il s'agit le plus souvent du blé, de l'amande ou du poisson). Pour ces recettes-là, une signalétique informera de la présence de l'allergène, par exemple :

Contient des AMANDES

Contient du GLUTEN

Contient du POISSON

Chacun pourra ainsi repérer facilement les quelques recettes à éviter.

Mode d'emploi du livre

■ Tableau des remplacements possibles

ALLERGENES	SUBSTITUTS POSSIBLES[3]
Lait de vache	Lait de riz (enrichi en calcium, par exemple) Autres laits végétaux, seulement après accord de votre allergologue pour le lait d'amandes (fruit à coque) ou le lait d'avoine (gluten). Pour les bébés, il existe des hydrolysats (NUTRAMIGENE, PEPTI JUNIOR, PREGOMINE, en pharmacie, sur ordonnance du médecin).
Beurre	Huile de tournesol désodorisée (dans les pâtisseries) Huile d'olive (dans les plats salés) Purée d'amandes (pâtisserie, sauces) Margarine sans produits laitiers (marques VITAQUELL, LANDKRONE, BONNETERRE, RAPUNZEL en magasin bio).
Œuf N.B. Au-delà de 3 œufs, les recettes sont difficilement adaptables, les propriétés liantes de l'œuf étant difficiles à imiter.	1 œuf = 10 g de fécule de tapioca ou de fécule de pomme de terre + 40 ml de lait végétal 1 œuf = 100 g de compote (pour certains gâteaux ou les pancakes, crêpes) ou 100 g de purée de bananes 2 œufs = 20 g fécule de tapioca ou de fécule de pomme de terre + 80 ml de lait végétal 3 œufs = 200 ml de crème de coco + ½ c.c. de gomme de guar ou d'arrow root Substitut d'œuf du commerce (par exemple, de la marque VALPIFORM, composé d'amidon de maïs, de fécule de pomme de terre, d'épaississants : cellulose, farine de guar. Émulsifiants : mono et diglycérides d'acides gras de palme)
Farine de blé (gluten)	Farine de riz, farine de sarrasin, farine de châtaignes, farine de maïs…
Pâtes de blé (gluten)	Pâtes de riz, pâtes de riz-quinoa, pâtes de maïs, pâtes de sarrasin (marque FRANCE AGLUT)
Levure chimique (contenant de l'amidon de blé)	Bicarbonate de sodium (1 à 2 c.c. selon les recettes) Poudre à lever sans gluten (marque PURAL, NAT-ALI, VALPIFORM)

N.B. : L'auteur est amené à citer des noms de marques afin de donner des repères aux lecteurs, mais n'entretient aucun rapport, de quelque nature que ce soit, avec aucune des marques citées.

3 Les aliments de remplacement proposés n'offrent pas toujours des apports nutritionnels équivalents aux allergènes substitués. Pour éviter d'éventuelles carences, demandez conseil à votre allergologue, à un médecin nutritionniste ou à une diététicienne.

■ Ma liste de courses*: les indispensables de mon panier!

Les farines	❑ Farine de riz ❑ Farine de maïs ❑ Farine de sarrasin (ou blé noir) ❑ Farine de châtaignes ❑ Farine de blé (T80, T110, T65)
Céréales et assimilés *(sans gluten)*	❑ Riz ❑ Millet (semoule, flocons) ❑ Sarrasin (flakes, soufflé) ❑ Quinoa ❑ Maïs
Gélifiant Épaississants	❑ Agar-agar ❑ Arrow-root ❑ Gomme de guar ❑ Farine de tapioca ❑ Fécule de maïs (Maïzena) ❑ Fécule de pomme de terre
Huiles	❑ Huile d'olive ❑ Huile de colza ❑ Huile de tournesol
Poudre à lever	❑ Bicarbonate de sodium alimentaire ❑ Poudre à lever sans gluten
Cacao	❑ Chocolat en poudre 100 % cacao (VAN HOUTEN) ❑ Chocolat à pâtisser
« Laits »	❑ Lait de riz (LIMA, BONNETERRE, etc.) ❑ Lait de riz-amandes (BONNETERRE) ❑ Lait de soja ❑ Lait d'amandes ❑ Lait de coco

« Crèmes liquides »	❑ Crème de riz (BJORG, ISOLA BIO) ❑ Crème de coco (ORGANI, KARA…) ❑ Crème d'avoine ❑ Crème d'amandes cuisine (LA MANDORLE, PERLAMANDE, BJORG, ECOMIL)
Pâtes sans gluten	❑ Pâtes de riz, pâtes de riz-quinoa, pâtes de maïs, pâtes de sarrasin (FRANCE AGLUT)
Pâtes à tarte	❑ Pâte brisée et feuilletée (U BIO, BIOVILLAGE, etc.)
Produits sucrants	❑ Sucre de canne complet ❑ Sirop d'agave ❑ Sirop de riz ❑ Miel
Pour tartiner *(sans protéines de lait)*	❑ Margarine (VITAQUELL, LANDKRONE, BONNETERRE, RAPUNZEL) ❑ Purée d'amandes (JEAN HERVE)

* À photocopier et à placer dans votre sac pour ne rien oublier! Vous pouvez cocher les aliments à acheter dans la case prévue à cet effet.

Le matériel utilisé pour cuisiner et pâtisser...

Les recettes de ce livre ne nécessitent pas l'utilisation de matériel très particulier, les ustensiles classiques d'une cuisine ont été utilisés, par exemple :

- Batteur électrique
- Robot Mixer
- Blender
- Fouet
- Rouleau à pâtisserie
- Moules en silicone (qui permettent de démouler facilement les préparations un peu fragiles)
- Moules à madeleines
- Seringue ou poche à douille
- Moules à gâteaux classiques
- Emporte-pièce, découpe-pâte
- Pied à soupe (mixer plongeant)
- Chinois ou passoire à mailles fines
- Ramequins individuels
- Sauteuse ou cocotte en fonte
- Fait-tout
- Moulin à viande
- Poêle

Les Recettes

Attention, vigilance !

Avant de vous lancer dans toute recette, vérifiez d'abord minutieusement la liste des ingrédients sur les emballages de chacun de vos produits : les composants d'un produit peuvent être modifiés par le fabricant à tout moment, il importe donc de relire **à chaque fois** la liste d'ingrédients, pour éviter des mésaventures, même si vous avez l'habitude du produit.

-1-

Le petit-déjeuner

Moment important pour le bon démarrage de la journée, le petit-déjeuner se doit bien sûr d'être nourrissant, équilibré et sain.

Dans le commerce classique, vous aurez sans doute du mal à trouver des aliments sans allergènes ou traces d'allergènes (œuf, lait, blé, fruits à coque etc.), même si, de plus en plus, on trouve des produits qui conviennent aux personnes allergiques.

En magasin bio ou en grande surface au rayon bio, vous pouvez essayer, selon vos allergies, par exemple :

■ **Les tartines craquantes :**

- au quinoa, au sarrasin ou à la châtaigne *(LE PAIN DES FLEURS)*
- au riz et au maïs : les *Crac'form* de la marque *VALPIFORM*, garantis sans blé, sans lait, sans œuf, sans arachide, sans soja et sans lactose).
- Les galettes de riz complet *(BJORG, LIMA, BONNETERRE…)*. **Attention, certaines contiennent du sésame, lisez bien les étiquettes !**
- Les galettes de riz complet au quinoa *(JARDIN BIO)*
- Les galettes de maïs *(BJORG)*
- Les flakes de sarrasin ou sarrasin soufflé au miel *(GRILLON D'OR)*
- Les flocons de sarrasin, de quinoa, de millet *(CELNAT, PRIMEAL)*
- Les céréales soufflées (quinoa, riz ou châtaignes) :
  - Picachoc (PRIMEAL)
  - Chokinoa ou Rikinoa (GRILLON D'OR)
  - Châtaign'Pops (PRIMEAL)

■ **Les laits végétaux :** lait de riz, lait de riz-amandes, lait de soja, lait de quinoa, lait de châtaigne (*BONNETERRE, LIMA, RICE DREAM, ISOLA BIO…*)

■ **Les jus de fruits** (pur jus de fruits), les purées de fruits, les compotes de fruits (*COTEAUX NANTAIS, PLANET BIO…*)

■ **Les fruits frais biologiques.**

■ **Les infusions ou le thé rouge ou vert Rooibos** (sans théine).

À chaque achat, lisez très attentivement la liste des ingrédients, c'est absolument indispensable.

Pancakes

Préparation : 5 min
Temps de repos : 1 h
Pour 8 pancakes

Ingrédients

- 150 g de farine (de riz ou de blé)
- 2 c.s. de sucre de canne
- 2 c.c. de bicarbonate de sodium (ou de levure si le gluten est toléré)
- 25 cl de lait d'amandes (ou lait de riz)
- 1 pot de 90 g de compote de pommes
- ½ c.c. d'arrow-root
- 1 c.s. d'huile de tournesol

1. Dans un saladier, versez la farine, le sucre et le bicarbonate *(ou la levure)*.
2. Ajoutez, tout en remuant énergiquement avec un fouet, l'huile, la compote de pommes, l'arrow-root et le lait d'amandes (*ou lait de riz*).
3. Laissez reposer une heure minimum.
4. Dans une poêle bien chaude et un peu huilée, versez une petite louche de pâte. Laissez dorer puis retournez le pancake. Faites dorer la deuxième face et déposez sur une assiette.
5. C'est prêt ! À accompagner de sirop d'érable (bien vérifier sa composition), de confiture, de miel, etc.

Millet vendéen à l'orange

Préparation : 5 min
Cuisson : 11 min
Pour 6 ramequins

Ingrédients

- 1 litre de lait au choix selon la tolérance, lait de riz, lait de soja, lait d'avoine (gluten)
- 125 g de semoule de millet (ne contient pas de gluten)
- Quelques gouttes d'huile essentielle d'orange douce (si vous tolérez les huiles essentielles) ou de fleur d'oranger
- 2 c.s. de sucre roux de canne
- Quelques pincées de cacao en poudre, pour la décoration

1. Dans une casserole, mélangez la semoule de millet avec un peu de lait à l'aide d'un fouet. Ajoutez le reste du lait et quelques gouttes d'huile essentielle d'orange douce (ou de fleur d'oranger).
2. Faites chauffer tout en remuant avec le fouet. Dès les premiers frémissements, mettez sur feu doux et laissez bouillir doucement en remuant durant 11 minutes.
3. Ajoutez le sucre en fin de cuisson.
4. Versez dans des ramequins.
5. Saupoudrez de quelques pincées de cacao.
6. Vous pouvez déguster ce millet chaud ou froid.

VARIANTE chocolat-orange :

Ajoutez à l'étape 1 3 c.s. de chocolat en poudre 100 % cacao.

Lait de riz « maison »

Préparation : 15 min
Temps de trempage : 4 heures
Pour 1 litre environ

Ingrédients

Pour 1 litre de boisson :

- 4 c.s. de riz rond biologique
- 1 grand verre d'eau
- 1,5 litre d'eau de source
- 3 c.s. de sirop d'agave
- 1 c.s. d'huile de tournesol
- 1 c.c. de vanille en poudre (facultatif)

1. Rincez le riz, y ajouter de l'eau (environ un grand verre).
2. Laissez tremper au moins pendant 4 heures (au réfrigérateur de préférence) ou toute la nuit.
3. Jetez l'eau de trempage.
4. Mettez dans une casserole le riz et le litre et demi d'eau.
5. Faites bouillir et prolongez la cuisson en tournant 10 à 12 minutes environ.
6. Laissez refroidir pendant un quart d'heure.
7. Ajoutez le sirop d'agave, la cuillérée d'huile et la vanille (facultative).
8. Mixez avec un pied à soupe (mixer plongeant).
9. Filtrez au travers d'une passoire à mailles fines.
10. On obtient environ 1 litre de boisson et très peu de résidus (une partie de l'eau s'évapore).

Lait de riz-amandes « maison »

Contient des AMANDES

Préparation : 15 min
Temps de trempage : 4 heures
Pour 1 litre environ

Ingrédients

- Pour 1 litre de boisson :
- 4 c.s. de riz rond biologique
- 1 grand verre d'eau
- 1,5 litre d'eau de source
- 3 c.s. de sirop d'agave
- 2 c.s. de purée d'amandes

1. Rincez le riz, ajoutez-y de l'eau (environ un grand verre).
2. Laissez tremper au moins pendant 4 heures (au réfrigérateur de préférence) ou toute la nuit.
3. Jetez l'eau de trempage.
4. Mettez dans une casserole le riz et le litre et demi d'eau.
5. Faites bouillir et prolongez la cuisson en tournant 10 à 12 minutes environ.
6. Laissez refroidir pendant un quart d'heure.
7. Ajoutez la purée d'**amandes** et le sirop d'agave.
8. Mixez avec un pied à soupe (mixer plongeant).
9. Filtrez au travers d'une passoire à mailles fines.

Faire soi-même son lait de riz ou riz-**amandes** est simple et économique. Il faut le consommer dans les deux jours et le conserver au frais. On peut le boire chaud ou froid, avec du chocolat en poudre, par exemple, et l'utiliser dans les préparations et les desserts pour remplacer le lait de vache.

Chokoccino !
Un bon chocolat chaud !

Préparation : 2 min

Ingrédients
- 1 bol de lait de riz ou de lait de riz-amandes, ou lait de soja, d'avoine (gluten)…
- 1 c.c. de cacao en poudre 100 % cacao sans trace d'allergènes (VAN HOUTEN, par exemple)

1. Dans un bol, mélangez le sucre et le cacao.
2. Ajoutez progressivement le lait en remuant, pour éviter de former des grumeaux.
3. Remuez à la cuillère, sucrez selon votre goût
4. C'est prêt !

À consommer chaud ou froid.

LES SMOOTHIES

Ce sont de délicieuses boissons à base de fruits, ou d'un mélange de fruits et de laits. Elles sont idéales pour le petit-déjeuner car elles permettent de commencer la journée par un cocktail de vitamines. Vous pouvez remplacer les fruits des recettes qui suivent par d'autres fruits, en fonction de vos allergies.

Smoothie glacé miel-banane

Préparation : 5 min

Ingrédients

- 15 cl de lait de riz (ou lait d'amandes, ou de soja...)
- 1 banane coupée en rondelles et préalablement congelée
- 5 fraises (ou 1 pêche)
- 2 c.c. de miel
- Quelques gouttes de citron
- Des glaçons (pour servir)

1. Il faut prévoir à l'avance de congeler des bananes (pour cela, coupez les bananes en rondelles avant de les congeler).
2. Versez le lait et le miel dans un blender puis ajoutez les rondelles de banane, les fraises (ou la pêche) et quelques gouttes de citron.
3. Mixez jusqu'à obtention d'une boisson délicieusement onctueuse.
4. Versez dans un verre agrémenté de glaçons. Dégustez ce moment frais et fruité !

Smoothie « Rêve fraisé »

Préparation : 5 min

Ingrédients

- 230 g de fraises
- 10 cl de lait de riz bien froid (ou lait d'amandes, ou lait de soja...)
- ½ c.c. de vanille en poudre
- 1 yaourt à la fraise (au soja, ou au lait de vache si toléré)

1. Mixez à l'aide d'un blender tous les ingrédients jusqu'à obtention d'une boisson onctueuse.
2. Versez dans un verre et servez frappé.
3. Décorez avec des rondelles de fraises.

Régalez-vous !

Le smoothie des matins vitaminés

Préparation : 5 min

Ingrédients

- 3 glaçons
- 1 orange, 1 poire, 3 abricots, 1 nectarine,
- 10 cl de nectar de poire
- Quelques gouttes de jus de citron
- Des lamelles de nectarine et d'abricot pour décorer

1. Pressez le jus de l'orange et versez-le dans le blender.
2. Pelez les fruits et coupez-les en morceaux.
3. Ajoutez tous les ingrédients (sauf les glaçons) et mixez.
4. Ajoutez les glaçons dans le blender et mixez jusqu'à obtention d'un mélange onctueux.
5. Versez dans un verre et décorez avec les lamelles de fruits.

Dégustez ! Vous êtes prêt pour une journée tonique !

Smoothie banane-kiwi

Préparation : 5 min

Ingrédients

- 20 cl de lait de riz (ou lait d'amande, de soja) bien froid
- Une demi-banane
- 2 kiwis
- Quelques gouttes de citron
- 1 c.c. de sirop d'agave

1. Retirez la peau de la banane et coupez-la en rondelles.
2. Pelez et coupez les kiwis en morceaux.
3. Dans un blender, mixez les fruits en purée avec quelques gouttes de jus de citron.
4. Versez le lait de riz dans le blender et mixez jusqu'à ce que le mélange devienne mousseux.

Servez très frais.

Smoothie cocofruité

Préparation : 5 min

Ingrédients

- 50 cl de jus d'ananas
- 20 cl de lait de coco
- 1 banane bien mûre
- 4 glaçons

1. Dans un blender, versez le lait de coco, le jus d'ananas, la banane préalablement écrasée en purée, à la fourchette.
2. Mixez le tout.
3. Ajoutez les glaçons et mixez de nouveau.

Votre smoothie cocofruité est prêt !

Smoothie de Marie

Préparation : 5 min

Ingrédients

- 20 cl de lait de coco (ou lait d'amandes)
- 100 g de fraises
- 1 banane
- 2 kiwis
- 1 c.c. de miel

1. Mixez tous les ingrédients jusqu'à obtention d'une boisson onctueuse.
2. Versez dans un verre et servez frappé.
3. Décorez avec des rondelles de fraises et de kiwi.

Régalez-vous !

Banana rice shake

Préparation : 5 min
Pour 2 personnes

Ingrédients

- 2 bananes mûres
- 2 verres de lait de riz bien frais
- 2 cuillérées de sirop d'agave
- 2 cuillérées de purée d'amandes (ou de crème de coco)

1. Dans un robot mixeur, placez les 2 bananes, le lait de riz, le sirop d'agave et la purée d'amandes *(ou la crème de coco)*.
2. Mixez le tout jusqu'à obtention d'une texture crémeuse et onctueuse.
3. Versez dans 2 grands verres.

Régalez-vous !

- 2 -
À l'heure de l'apéritif

L'apéritif est statistiquement le moment où se produit le plus grand nombre de réactions allergiques et ce, pour plusieurs raisons: premièrement, on sert assez souvent l'apéritif sur une table basse, tout est donc à portée des petites mains. Par ailleurs, tout le monde se sert dans différents plats, transportant ainsi allègrement les allergènes de coupelles en assiettes, de bols en verrines, d'où une forte contamination des différents aliments et contenants, sans parler des mains qui sont en contact direct avec les aliments allergènes et qui peuvent toucher l'enfant allergique (surtout lorsque des enfants jouent ensemble pendant l'apéritif). Enfin, la nature même des aliments proposés à l'apéritif peut poser problème: les aliments tels que les cacahuètes, les noix de cajou, les pistaches, etc. font partie des aliments qui peuvent provoquer de graves réactions allergiques.

Pour éviter d'avoir à faire face à une urgence allergique, voici des solutions simples:

1. Donnez une assiette particulière à l'enfant allergique, avec un assortiment varié de ce qu'il peut manger et avec consigne de ne pas se servir dans les autres assiettes.
2. Placez les aliments en hauteur, sur une table beaucoup plus haute que la table basse.
3. Demandez aux convives de se laver les mains et la bouche s'ils ont mangé des aliments pouvant poser problème.
4. Pour une tranquillité maximale, une solution radicale: ne servez pas d'aliments problématiques pour votre enfant aux invités, vous serez ainsi plus sereins!

Dips de légumes et petites sauces

Préparation : 30 min

Ingrédients :

- Carotte
- Chou-fleur
- Tomate cerise
- Champignons
- Concombre
- Radis rouge
- Radis noir

1. Lavez et épluchez les légumes.
2. Coupez les carottes en petits bâtons, émincez les champignons, coupez de petits bouquets de chou-fleur, coupez en rondelles le concombre et le radis noir.
3. Disposez agréablement l'ensemble des crudités sur une assiette de décoration.
4. Préparez les sauces.

LES SAUCES

sauce 1 : crème de riz, sel, poivre, coriandre moulue, ciboulette fraîche…

sauce 2 : crème de riz, sel, poivre, coriandre fraîche hachée, curcuma…

Régalez vos invités !

Rillettes océanes

Contient du POISSON

Préparation : 5 min
Pour 4 personnes

Ingrédients

- 200 g de sardines à l'huile d'olive (une grosse boîte)
- 2 c.s. de crème de riz (ou crème fraîche)
- 1 petite c.c. de coriandre moulue
- Coriandre fraîche

1. Dans un petit saladier, émiettez à la fourchette les sardines un peu égouttées.

2. Ajoutez les 2 cuillérées de crème de riz, la coriandre moulue, la coriandre fraîche ciselée.

3. Mélangez le tout, jusqu'à obtenir un aspect de rillettes.

4. Vous pouvez servir ces rillettes sur du pain grillé (gluten), des tartines craquantes au sarrasin, au quinoa ou à la châtaigne.

Rillettes de thon

Contient du POISSON

Préparation : 5 min
Pour 4 personnes

Ingrédients

- 200 g de thon au naturel
- 3 c.s. de crème de riz (ou 2 carrés de fromage frais si toléré)
- Ciboulette fraîche
- Coriandre moulue
- Un peu de sel

1. Dans un petit saladier, émiettez à la fourchette le thon.
2. Ajoutez les 3 cuillérées de crème de riz, la ciboulette fraîche coupée, la coriandre moulue, le sel.
3. Mélangez le tout, jusqu'à obtenir un aspect de rillettes.
4. Vous pouvez servir ces rillettes sur des petites tranches de pain maison grillé (gluten), des tartines craquantes au sarrasin ou au quinoa.

Blinis

Préparation de la pâte : 10 min
Temps de repos : 30 min
Cuisson 2 min par face

Ingrédients

- 100 g de farine (de blé ou de riz ou riz-châtaignes)
- 2 c.c. de bicarbonate de sodium (ou de levure si tolérée-gluten-)
- 50 ml de lait de riz (ou d'amandes si tolérée)
- 1 pot de 90 g de compote de pommes
- ½ cuillérée à café d'arrow-root
- 1 c.s. d'huile de tournesol
- Sel

1. Dans un saladier, ajoutez un à un les ingrédients.
2. Mélangez au batteur électrique.
3. Laissez reposer 30 minutes la pâte.
4. Faites chauffer une poêle légèrement huilée et versez de petits ronds de pâte.
5. Faites cuire 2 minutes par face.
6. Agrémentez vos blinis avec du saumon fumé, etc.

Chiffonnade bretonne

Préparation : 15 min
Cuisson : 2 min par galette

Ingrédients

La pâte :

- 125 g de farine de sarrasin (= blé noir, sans gluten)
- 1 cuillérée d'huile de tournesol
- 37 cl d'eau
- Une pincée de sel

La garniture :

- jambon sec (bien vérifier les ingrédients)

1. Dans un saladier, versez la farine de sarrasin, le sel, l'huile. Mélangez avec un fouet.
2. Ajoutez l'eau, et mélangez au fouet, jusqu'à obtention d'une pâte homogène et lisse.
3. Laissez reposer quelques heures.
4. Huilez la poêle et faites-la chauffer à feu vif. Cette pâte peut facilement coller, donc la poêle se doit d'être très chaude pour éviter des désagréments !
5. Versez la pâte avec une louche, en l'étalant bien.
6. Faites cuire la première face et retournez la galette quand les bords commencent à dorer.
7. Avec un couteau, découpez des bandes de 5 ou 6 cm dans la galette. Faites de même avec le jambon sec et roulez les 2 ensemble. Fixez avec des piques. Dégustez !

Guacamole

Préparation : 5 min

Ingrédients

- Guacamole
- 2 avocats bien mûrs
- Un peu de jus de citron
- 1 c.s. de crème de riz
- Sel, poivre

1. Écrasez à la fourchette ou mixez la chair des 2 avocats.
2. Ajoutez le jus de citron, la crème de riz, une pincée de sel et de poivre.
3. Mélangez.
4. Accompagnez de chips de maïs (on en trouve sans traces d'allergènes en magasin bio, *Original Tortilla chips*, marque LIMA, ou bien vous pouvez les réaliser vous-même, voir recette suivante).

Chips mexicaines

Préparation : 20 min
Cuisson : 10 min

Ingrédients

- 110 g farine de maïs (attention, ce n'est pas de la Maïzena)
- 90 g farine de blé T80
- ½ cuillérée à café de sel
- 8 cl d'eau tiède
- 3 c.s. d'huile d'olive
- Épice chili toute prête (ou paprika doux seulement, ou sel ou graines de tournesol)

Contient du GLUTEN

1. Mélangez les ingrédients, sauf l'épice, puis malaxez et étalez la pâte au rouleau comme pour faire une pâte brisée.
2. Mettez sur la pâte de l'épice Chili, ou du paprika, ou du sel, ou laissez nature selon votre goût et vos tolérances.
3. Homogénéisez avec le doigt.
4. Si vous optez pour les graines de tournesol (ou autres graines tolérées) à la place de l'épice, disposez-les sur la pâte, et repassez un petit coup de rouleau pour que les graines s'enfoncent légèrement dans la pâte.
5. Découpez la pâte de façon à obtenir des triangles.
6. Préchauffez le four à 200 °C.
7. Placez la pâte sur une plaque huilée et farinée.
8. Enfournez pendant 10 min.

Muffins à la carotte et aux pruneaux

Préparation : 15 min
Cuisson : 12 à 15 min

Ingrédients

- 1 grosse carotte très finement râpée
- 100 g de pruneaux dénoyautés
- 90 g de miel
- 1 c.s. d'huile de tournesol
- 1 c.c. de cannelle
- 25 cl de jus d'orange
- 250 g de farine (de blé ou de riz, selon vos tolérances)
- ½ sachet de poudre à lever (ou 1 c.c. de bicarbonate de sodium)
- 100 g de crème de coco
- 1 c.c. d'arrow-root

1. Préchauffez votre four à 200 °C.
2. Épluchez la carotte et râpez-la le plus finement possible.
3. Dans un saladier, mélangez la carotte râpée, le miel et l'huile.
4. Ajoutez le jus d'orange, la crème de coco et l'arrow-root.
5. Tamisez la farine avec la poudre à lever et la cannelle. Mélangez à la carotte.
6. Huilez des moules à muffins et répartissez la préparation dans les alvéoles.
7. Coupez les pruneaux en petits morceaux et ajoutez-les à la pâte pour la moitié des muffins. Vous aurez ainsi 2 variétés à offrir.
8. Enfournez 12 à 15 minutes.
9. Laissez tiédir et démoulez sur une grille.

Dégustez !

-3-

Salades et entrées

Le pâté de Mamie Josette

Préparation : 20 à 25 min
Cuisson : 1h30 min

Ingrédients

- 550 g de viande maigre (porc, lapin, pigeon, etc.)
- 650 g de gras de lard (ou de gorge de porc)
- Crépine de porc
- 1 gros oignon
- Persil
- Sel, poivre
- 2 ou 3 pincées de 4 épices (cannelle, poivre noir, girofle, muscade)

1. Passez au moulin à viande le gras de lard et la viande, et placez le tout dans un saladier.
2. Ajoutez le gros oignon haché puis le persil haché.
3. Salez, poivrez et ajoutez 2 ou 3 pincées de 4 épices.
4. Mélangez le tout à la main et façonnez un pâté dans un plat à cuisson.
5. Recouvrez le pâté de la crépine de porc, celle-ci permet au pâté une bonne tenue à la cuisson.
6. Ajoutez un peu d'eau autour.
7. Placez au four à 220 °C pendant 1h30 environ.

Taboulé de quinoa

Préparation : 10 min
Cuisson du quinoa : 12 min

Ingrédients

- 2 verres de quinoa
- 4 verres d'eau
- 4 tomates grappe
- ½ concombre
- Quelques branches de persil, de basilic, de menthe fraîche
- Jus d'un citron
- 3 c.s. d'huile d'olive
- Sel, poivre

1. Rincez le quinoa dans une passoire.
2. Dans un autocuiseur à riz (pour une cuisson sans souci), ou comme indiqué sur le paquet de quinoa, versez le quinoa et le double de son volume d'eau (soit 4 verres d'eau).
3. Faites cuire, puis réservez au frais.
4. Préparez les légumes : retirez les pépins des tomates et coupez-les en petits dés. Coupez le demi-concombre en petits cubes. Rincez les herbes fraîches, séchez-les et détachez les feuilles. Ciselez-les.
5. Ajoutez les dés de tomates et les cubes de concombre, puis les herbes. Mélangez délicatement et placez au réfrigérateur.
6. Au moment de servir, mélangez le jus du citron à l'huile d'olive. Ajoutez le sel et le poivre selon votre goût. Arrosez le taboulé avec cette vinaigrette. Mélangez.

Servez dans des verrines et régalez-vous !

Makis au saumon

Préparation : 1h
Pour 4 personnes
Contient du poisson

Ingrédients

- 1 filet de saumon frais
- 1 avocat
- Concombre
- 200 à 250 g de riz rond
- 4-5 feuilles de Nori (algues séchées)
- Sel, huile d'olive, vinaigre
- Miel

Si tolérés :

- sauce de soja
- wasabi

Contient du POISSON

{Si vous n'y êtes pas allergique, les makis peuvent être accompagnés d'une sauce de soja avec une pointe de miel pour adoucir et de wasabi.}

1. Nettoyez et faites cuire le riz rond, puis laissez tiédir. C'est un riz qui ne reste pas ferme à la cuisson.
2. Pendant la cuisson du riz : Découpez le saumon et le concombre en frites longues. Découpez l'avocat en une dizaine de quartiers. Préparez une « vinaigrette » avec 2 c.s. d'huile d'olive et 1 c.s. de vinaigre. Ajoutez-y une pincée de sel et une petite cuillérée de miel, puis mélangez.
3. Sur le riz tiédi, versez la « vinaigrette » et mélangez.
4. Mettez une feuille de nori sur un torchon propre qui servira de plan de travail : Étalez une couche de riz vinaigré sur l'ensemble de la surface de la feuille de nori. Essayez de bien étaler jusqu'aux bords. Puis, alignez en parallèle saumon, concombre et avocat, sur toute la largeur de la feuille de nori. Roulez la feuille de nori avec le riz vinaigré et la garniture, afin d'obtenir un rouleau bien serré !
5. Recommencez l'étape 4 afin d'obtenir 4 à 5 rouleaux.
6. À l'aide d'un couteau de cuisine bien aiguisé, coupez les extrémités des rouleaux, puis découpez les rouleaux en tronçons d'environ 3 cm.

Présentez et dégustez !

Salade rose et verte

Préparation : 10 min
Cuisson du riz : 12 min
Pour 4 personnes

Ingrédients :

Salade :

- Riz semi-complet
- 2 betteraves cuites
- 2 avocats
- Cœurs de laitue

Vinaigrette :

- Huile de colza
- vinaigre de framboise
- persil
- sel
- poivre noir

1. Lavez le riz et faites-le cuire à l'autocuiseur à l'avance, et laissez-le tiédir.
2. Dans un saladier, préparez la vinaigrette et ajoutez les betteraves cuites coupées en petits dés.
3. Ajoutez le riz et mélangez jusqu'à obtention d'une belle couleur rose.
4. Disposez dans des coupelles les cœurs de laitue, le riz rose et les betteraves, puis l'avocat.

Dégustez, effet garanti auprès des enfants ! Ils adorent voir cette nouvelle espèce de riz rose.

Salade d'hiver

Préparation : 10 min
Pour 4 personnes

Ingrédients

Salade :

- Chou rouge
- Chou lisse
- 1 carotte
- 1 pomme
- Pépins de courge
- Graines de tournesol
- Jus de citron

Vinaigrette :

- Huile de colza,
- vinaigre,
- coriandre fraîche ou persil,
- sel, poivre, sucre

1. Émincez les choux, la carotte et mettez-les dans un saladier.
2. Ajoutez la pomme coupée en morceaux et aspergez-la du jus de citron (cela l'empêchera de noircir et lui donnera un délicieux goût acidulé).
3. Ajoutez des graines de tournesol et des pépins de courges.
4. Préparez une vinaigrette : 2 c.s. d'huile de colza et une demi-cuillérée de vinaigre. Ajoutez un peu de sel et un tout petit peu de sucre. Ajoutez de la coriandre ciselée.
5. Versez uniformément sur la salade hivernale et mélangez bien.

Bon appétit ! Cette salade est croquante et fraîche, un régal. À déguster par exemple en entrée, ou accompagnée de riz et d'une viande de volaille émincée et sautée à la poêle.

Salade d’été

Préparation : 10 min
Pour 4 personnes

Ingrédients

Salade :

- Riz semi-complet thaï
- Une boîte de maïs (285 g)
- 4 tomates
- 1 concombre
- Persil ou coriandre fraîche

Vinaigrette :

- Huile de colza,
- vinaigre de framboise,
- persil,
- sel,
- poivre noir,
- petite pincée de sucre

1. Lavez le riz, faites-le cuire à l’autocuiseur à l’avance et laissez-le tiédir.
2. Dans un saladier, ajoutez au riz le maïs égoutté, les tomates coupées en dés et le concombre.
3. Préparez la vinaigrette dans un bol et versez-la sur la salade.
4. Vous pouvez accompagner cette petite salade estivale de saumon ou d’un émincé de volaille.

Velouté de légumes de Tatie Lydie

Préparation : 15 min
Cuisson : 20 min
Pour 6 personnes

Ingrédients

- 1 oignon jaune
- 3 carottes
- 2 à 3 pommes de terre
- ½ fenouil
- 1 poireau
- Persil (ou coriandre fraîche)
- Quelques grains de sel
- Poivre noir
- Huile d'olive
- 1 l d'eau

1. Nettoyez, épluchez et coupez les légumes en petits morceaux.
2. Dans une cocotte, faites revenir l'oignon dans une grosse c.s. d'huile.
3. Ajoutez les légumes, remuez et ajoutez l'eau (1 litre).
4. Faites mijoter à feu moyen pendant 20 à 25 minutes.
5. Salez, poivrez, ajoutez le persil ou la coriandre, et mixez le tout avec un pied à soupe (mixer plongeant).

Et par ici la bonne soupe !

Rouleaux de printemps

Préparation : 20 min
Pour 12 petits rouleaux

Ingrédients

- 12 crêpes de riz (en magasin bio ou épicerie asiatique)
- 1 carotte
- 60 g de vermicelles de riz
- 24 crevettes roses cuites (ou autres protéines : thon émietté, émincé de volaille, petits lardons, etc. Voir également les variantes plus bas)
- 1 boîte de poussesde soja
- Feuilles de salade verte
- Feuilles de menthe fraîche

Les germes de soja sont en fait des haricots mungo (appelés aussi «soja vert»). Le haricot mungo est une plante annuelle de la famille des fabacées (papilionacées), il est cultivé comme plante potagère pour ses graines, consommées comme des légumes, tout comme le haricot commun. Sous sa forme germée, il est appelé de façon erronée «pousses de soja», et n'a en réalité aucun rapport avec le soja.

1. Râpez la carotte.
2. Faites bouillir de l'eau dans une casserole et plongez-y les pousses de soja pendant une minute, puis passez-les sous l'eau froide et réservez.
3. Faites bouillir de l'eau à nouveau et plongez-y les vermicelles de riz pendant environ 3 minutes. Retirez du feu, égouttez, rincez à l'eau froide et réservez.
4. Décortiquez les crevettes roses cuites (ou émiettez le thon, ou bien ajoutez l'émincé de volaille ou les lardons cuits).
5. Plongez la crêpe de riz dans une assiette creuse remplie d'eau chaude pendant quelques secondes.
6. Posez-la sur une planche à découper et disposez en premier un petit tas de vermicelles puis la carotte râpée, une feuille de menthe et enfin la crevette (ou le thon, ou l'émincé de volaille ou les lardons) et la salade.
7. Enroulez le tout jusqu'à la moitié de la crêpe, puis replier les bords vers l'intérieur et continuer à enrouler pour finir le rouleau de printemps.
8. Mettez au réfrigérateur jusqu'au moment de servir.

VARIANTES pour des rouleaux des quatre saisons :

Rouleaux d'automne : champignons de Paris coupés en petites lamelles, châtaignes, ciboulette, vermicelles de riz, carotte, pousses de haricot mungo, émincé de volaille.

Rouleaux d'été : tomates et poivrons en petits dés, feuilles de basilic, vermicelles de riz, carotte, pousses de haricot mungo, dés de jambon blanc (vérifiez toujours sa composition).

Rouleaux d'hiver : chou rouge en fines lamelles, pépins de courge, vermicelles de riz, carotte, pousses de haricot mungo, graines de tournesol, endive, blanc de poulet.

Verrines de chou-fleur à la tomate et aux lardons

Préparation : 30 min
Réfrigération : 2 heures
Pour 6 grandes verrines

Ingrédients

- 200 g de bouquets de chou-fleur cuits à la vapeur
- 40 cl de lait (lait de riz, ou lait de soja, ou de vache si toléré)
- 20 cl de crème liquide (crème d'amande ou de riz, de soja ou crème fraîche si tolérée)
- 2 g d'agar-agar
- 12 c.s. de coulis de tomates nature bio
- 100 g de lardons (ou d'émincé de volaille)
- Sel, poivre
- ½ c.c. de curcuma
- Plusieurs branches de persil

Vérifiez bien la composition des lardons : certains contiennent des lactates (attention, allergie au lait, au lactose).

1. Mixez le chou-fleur cuit, la crème liquide, le curcuma et le persil jusqu'à ce que la préparation soit homogène. Réservez.
2. Mélangez l'agar-agar avec le lait dans une casserole. Portez à ébullition sans cesser de remuer pendant 1 minute.
3. Ajoutez le lait dans la préparation aux choux-fleurs. Mélangez soigneusement. Salez et poivrez à votre goût.
4. Versez la préparation dans la casserole, réchauffez 5 minutes en remuant sans cesse.
5. Répartissez la préparation dans des verrines.
6. Laissez complètement refroidir, puis placez les verrines au frais pour 2 heures minimum.
7. Faites revenir les lardons *(ou l'émincé de volaille)* dans une poêle et réservez au frais ainsi que le coulis de tomates.
8. Au moment de servir, répartissez le coulis de tomates au-dessus de chaque verrine puis parsemez de lardons *(ou d'émincé de volaille)*, décorez d'une petite branche de persil et servez.

Bon appétit !

- 4 -

Plats principaux

Riz loc-lac

Préparation : 15 min
Cuisson du riz : 20 min
Pour 4 personnes

Ingrédients :

- 4 steaks de bœuf de 100 g chacun
- Ciboulette
- Une gousse d'ail
- Sel, poivre, sucre
- Farine de tapioca
- Coulis de tomate (10-15 cl)
- Huile d'olive
- 200 g de riz thaï semi-complet
- Concombre, tomate, salade verte, champignons de Paris

1. Lavez soigneusement le riz et faites-le cuire.
2. Découpez les steaks en dés, et hachez la gousse d'ail.
3. Dans un bol, assaisonnez la viande avec un filet d'huile d'olive, l'ail haché, du sel, du poivre et une bonne pincée de sucre. Saupoudrez une c.c. de farine de tapioca et mélangez.
4. Faites chauffer un peu d'huile d'olive dans une poêle à feu moyen, et faites revenir les dés de bœuf assaisonnés 2 minutes à feu vif, en remuant.
5. Dans une poêle, faites chauffer une cuillère à soupe d'huile d'olive. Rajoutez-y le riz cuit et faites sauter en veillant à bien égrainer le riz pendant 4-5 minutes à feu vif, en salant, poivrant, et en y ajoutant le coulis de tomate et une bonne pincée de sucre pour adoucir. Ajoutez également la ciboulette fraîche découpée. En fin de préparation, le riz doit être assez sec.
6. Présentez le bœuf loc lac avec son riz à la tomate dans une assiette, et accompagnez l'ensemble avec un peu de crudités émincées..

Cuisses de canard
aux pommes de terre et carottes, façon sarladaise

Préparation : 20 min
Cuisson : 1h45
Pour 4 personnes

Ingrédients

- 4 cuisses de canard
- 8 pommes de terre
- 2 carottes
- Quelques branches de ciboulette fraîche
- Sel, poivre
- Huile d'olive

1. Prenez une sauteuse (ou une cocotte en fonte si vous en avez une). La sauteuse doit être juste assez grande pour que les 4 cuisses puissent y loger à plat. Saisissez dans un peu d'huile les cuisses de canard, 3 minutes chaque face en commençant par la face côté chair.
2. Réduisez le feu et prolongez la cuisson sur la face peau pendant une dizaine de minutes.
3. Salez, poivrez suffisamment.
4. Retournez les cuisses de canard, la peau doit avoir doré quelque peu. Noyez les cuisses avec de l'eau et prolongez la cuisson à feu doux et à couvert durant une heure. Surveillez toutes les 5 minutes et rajoutez de l'eau si nécessaire. Celle-ci ne doit pas complètement s'évaporer.
5. Découvrez la sauteuse et prolongez la cuisson sur feu doux jusqu'à l'évaporation de l'eau. Enlevez et réservez les cuisses de canard. Il ne doit rester dans la sauteuse que la graisse des cuisses de canard.
6. Épluchez les pommes de terre et les carottes. Découpez les pommes de terre en quartiers, façon « potatoes », et les carottes en rondelles.
7. Faites rissoler les « potatoes » et les rondelles de carotte dans la graisse de canard.
8. Egouttez les « potatoes » et les carottes.
9. Présentez dans une assiette les cuisses de canard et leur accompagnement, en parsemant de ciboulette fraîche.

Tarte aux légumes et aux champignons

Contient du GLUTEN

Préparation : 25 min
Cuisson : 20 min

Ingrédients

Pour la pâte brisée :

- 150 g de farine de blé Type 110 ou d'épeautre (gluten)
- 50 g de farine de sarrasin
- ½ cuil. à café de sel
- 3 cuil. à soupe d'huile d'olive
- 10 cl d'eau tiède

Ou 1 pâte brisée ou feuilletée toute prête (marques U Bio, Biovillage, présence de gluten...)

Pour la garniture :

- 20 cl de crème d'amandes cuisine (ou crème de riz ou d'avoine (gluten))
- 200 g de lardons (U bio)
- 1 gros oignon
- 2 blancs de poireaux
- ½ fenouil
- 1 carotte
- 12 champignons de Paris frais
- 3 pommes de terre moyennes
- Huile d'olive
- Poivre

Vérifiez bien la composition des lardons : certains contiennent des lactates (attention, allergie au lait, au lactose).

1. Dans un saladier, versez les farines et le sel. Faites un puits pour y verser l'huile d'olive et l'eau tiède et mélangez avec un batteur électrique (fouets pour pâte dure).
2. Finissez de malaxer à la main jusqu'à obtenir une boule de pâte homogène.
3. Farinez le plan de travail et étalez la pâte au rouleau à pâtisserie.
4. Huilez et farinez un moule à tarte de 28 cm et placez-y la pâte.
5. Préchauffez le four à 200 °C.
6. Faites revenir les lardons à la poêle et égouttez-les.
7. Faites des trous avec une fourchette sur votre pâte à tarte, puis disposez les lardons uniformément.
8. Émincez oignons, poireaux, fenouil, champignons, carottes.
9. Dans une poêle huilée, faites revenir les légumes pendant 4 à 5 minutes. Salez et poivrez selon votre goût.
10. Pendant ce temps, épluchez les pommes de terre et coupez-les en petits dés, puis faites-les cuire à la poêle (juste dorées).
11. Sur la pâte à tarte, ajoutez les légumes sur les lardons, puis les dés de pomme de terre sautées.
12. Versez la crème d'amandes, de riz ou d'avoine (gluten).
13. Mettez au four à 200 °C pendant environ 20 minutes. Dégustez !

Galettes de sarrasin

Préparation de la pâte : 10 min
Pour 4 personnes

Ingrédients

- 250 g de farine de sarrasin (= blé noir, sans gluten)
- 2 c.s. d'huile de tournesol
- ¾ de litre d'eau
- 1 pincée de sel

Pour une personne, soit 2 galettes :

- 100 g de farine de sarrasin,
- 1 c.s. d'huile de tournesol,
- 30 cl d'eau,
- une petite pincée de sel.

Le **SARRASIN** est aussi appelé «blé noir», mais ce n'est pas une céréale et il ne contient pas de gluten, contrairement au blé (froment). C'est une plante à fleurs de la famille des polygonacées, comme l'oseille et la rhubarbe.

1. Dans un saladier, versez la farine de sarrasin, le sel et l'huile. Mélangez avec un fouet ou au batteur électrique.
2. Ajoutez l'eau, et mélangez au fouet, jusqu'à obtention d'une pâte homogène et lisse.
3. Laissez reposer idéalement quelques heures.
4. Huilez la poêle et faites-la chauffer à feu vif. Cette pâte peut facilement coller, donc la poêle se doit d'être très chaude pour éviter des désagréments !
5. Versez la pâte avec une louche, étalez-la bien.
6. Faites cuire la première face et retournez la galette quand les bords commencent à dorer.
7. Pour garnir votre galette, au choix :
   - oignons et champignons de Paris frais sautés à la poêle, steak haché, coulis de tomate 100 % tomates.
   - pommes de terres sautées, oignons, coriandre fraîche, salade verte
   - émincés de dinde, champignons de Paris frais sautés, sauce coco, oignons frits.

Galettes de pommes de terre aux flocons de millet

Préparation : 15 min
Repos : 10 min
Cuisson : 10 min
Pour 5 galettes

Ingrédients

- 5 pommes de terre
- 1 oignon
- 3 c.s. de flocons de millet
- 1 c.c. d'arrow-root (pour lier les galettes)
- Sel
- Poivre
- Épices au choix (coriandre moulue, curcuma, curry, etc.)
- Herbes au choix (persil, coriandre, ciboulette, etc.)

1. Râpez les pommes de terre avec l'oignon, ajoutez les flocons de millet.
2. Laissez reposer une dizaine de minutes pour que les flocons s'imbibent du jus des légumes.
3. Salez, poivrez, épicez au choix avec une poudre de curry, du cumin ou du paprika… ou simplement de la coriandre hachée, du persil haché ou de la ciboulette, etc.
4. Sur une planche de travail, formez des petits tas, utilisez un verre pour former des ronds réguliers en fonction de la taille de galette désirée.
5. Avec une spatule large, décollez les galettes avec précaution et déposez-les dans une poêle huilée bien chaude.
6. Faites cuire la première face. Faites glisser dans une assiette, retournez la galette avec la spatule et grillez l'autre côté.
7. Accompagnez les galettes de crudités variées.

Bon appétit !

Dos de cabillaud à l'indienne

Contient du POISSON

Préparation : 15 min
Cuisson : 20 min
Pour 4 personnes
Contient du poisson

Ingrédients

- 4 dos de cabillaud
- 200 g de haricots verts
- 3 carottes
- Concombre
- 1 petit bouquet de coriandre fraîche
- 2 gousses d'ail
- Sel, sucre, poivre noir, curcuma
- Gingembre moulu
- Coriandre moulue
- 20 cl de crème d'amande (ou crème de riz, ou de soja)
- Huile d'olive
- 200 g de riz thaï semi-complet
- 20 cl d'eau

1. Lavez et faites cuire le riz.
2. Équeutez et coupez les haricots en morceaux d'un centimètre.
3. Épluchez et coupez 2 carottes en dés.
4. Dans une poêle, faites chauffer 2 c.s. d'huile d'olive sur feu doux.
5. Hachez les gousses d'ail, et faites-les revenir dans l'huile quelques instants, toujours à feu doux.
6. Ajoutez les carottes en dés et les haricots verts, et passez au feu vif.
7. Faites sauter les légumes pendant 2 minutes et assaisonnez (sel, 2 pincées de sucre, 1 c.c. de coriandre moulue, 1 c.c. rase de curcuma, 1 grosse pincée de gingembre moulu et 2 grosses pincées de poivre noir).
8. Ajoutez la crème et allongez de 20 cl d'eau.
9. Portez à ébullition, puis réduisez à feu doux et laissez cuire à couvert pendant 5 minutes. Ajoutez la coriandre fraîche, préalablement hachée grossièrement, allongez la sauce si nécessaire puis réservez.
10. Préchauffez une poêle avec un peu d'huile à feu doux, et faites-y revenir les dos de cabillaud, 3 minutes sur chacune des faces, sur feu doux.
11. Présentez dans une assiette le cabillaud nappé de la sauce aux petits légumes et accompagné de son riz. Ajoutez également quelques émincés de concombre et de carotte. À table !

Lapin aux pruneaux

Préparation : 15 min
Cuisson : 45 min
Pour 4 à 5 personnes

Ingrédients

- 1 lapin de 1,5 kg coupé en morceaux
- 250 g de pruneaux
- 250 g de champignons de Paris frais
- 200 g de lardons fumés* ou de poitrine fumée*
- 2 oignons
- 1 gousse d'ail
- 3 branches de persil
- Une douzaine de baies roses
- Huile d'olive
- Sel
- Poivre noir

1. Dans une cocotte, faites revenir le lapin dans l'huile d'olive en faisant bien dorer les morceaux.
2. Ajoutez l'oignon émincé et les champignons, laissez cuire 3 minutes à feu doux, puis ajoutez les lardons et l'ail haché.
3. Ajoutez les carottes en rondelles, puis les pruneaux.
4. Salez, poivrez et ajoutez les baies roses.
5. Baissez le feu au minimum (feu très doux), mettez le couvercle, recouvrez le lapin d'eau et faites cuire doucement de 45 minutes à 1 heure.

*Vérifiez bien la composition des lardons et de la poitrine fumée :

Certains contiennent des lactates (attention à l'allergie au lait ou au lactose).

En cas de doute, ne mettez pas de lardons, votre lapin sera juste un peu moins goûteux, mais totalement sécurisant !

Mousseline de millet, brocolis et carottes

Préparation : 10 min
Cuisson : 15 min
Pour 6 personnes

Ingrédients

- 250 g de semoule de millet
- 1 brocoli
- 4 carottes moyennes
- Quelques branches de coriandre fraîche
- 1 pincée de gros sel
- Eau chaude

Le **millet** est un terme générique qui désigne plusieurs espèces de plantes de la famille des poacées (graminées). Ce sont des céréales vivrières, à très petites graines. Le millet ne contient pas de gluten. C'est un aliment énergétique, nutritif, recommandé pour les enfants et les personnes âgées ou en convalescence.

1. Coupez le brocoli, éliminez les parties dures.
2. Épluchez les carottes et coupez-les en rondelles.
3. Faites cuire les carottes et le brocoli à la vapeur à feu très doux.
4. Lavez la semoule de millet et versez-la dans une casserole contenant 2 fois le volume d'eau chaude du millet et une pincée de gros sel.
5. Portez à ébullition et couvrez. Laissez cuire à feu doux pendant 15 minutes environ. Le millet est cuit lorsque toute l'eau a été absorbée. Il n'est pas utile de remuer.
6. Une fois les légumes et le millet cuits, placez-les dans un mixer avec les branches de coriandre fraîche. Mixez le tout, jusqu'à obtention d'une mousseline lisse.

Ce plat convient aux petits comme aux grands.

Filet mignon aux herbes et patati et patata...

Préparation : 5 min
Cuisson : 45 min
Pour 4 personnes

Ingrédients

- Un filet mignon de porc
- Ail
- 1 oignon
- Un bouquet de coriandre fraîche
- Sel, poivre, huile, sucre
- « Patati » : pommes de terre (4 ou 5)
- « Patata » : patates douces (2)

1. Préchauffez le four à 180 °C.
2. Dans un plat allant au four, placez le filet mignon. Ajoutez un filet d'huile.
3. Hachez l'ail et l'oignon avec la coriandre fraîche, le sel, le poivre et une pincée de sucre.
4. Badigeonnez la viande avec cette préparation. Ajoutez un fond d'eau dans le plat.
5. Faites cuire environ 45 minutes à 180 °C.
6. Épluchez les patates douces et les pommes de terre, puis coupez-les en frites.
7. Faites d'abord revenir à la poêle bien huilée les pommes de terre (Patati), dont la cuisson est plus longue (10 minutes environ).
8. Ajoutez les patates douces (Patata) et prolongez la cuisson jusqu'à ce qu'une fourchette puisse piquer facilement dedans.
9. Servez avec le filet mignon aux herbes fraîches. Cette viande très tendre peut aussi s'accompagner de riz, de légumes verts, de champignons, etc.

VARIANTES

saumon, crème (d'amandes ou de riz), ciboulette.

Pomme de terre surprise

Préparation et cuisson : 30 min
Pour 4 personnes

Ingrédients

- 4 pommes de terre
- 300 g de viande (filet mignon de porc ou escalope de volaille)
- Champignons de Paris frais
- 1 oignon
- Ciboulette
- 100 ml de crème liquide (selon vos allergies, crème de riz ou crème d'amande cuisine)
- Huile d'olive, sel, poivre, coriandre moulue
- Feuilles de salade

1. Faites cuire les pommes de terre à la vapeur douce pendant 10 minutes.
2. Pendant ce temps, émincez la viande en petits morceaux sur une planche à découper.
3. Coupez les oignons en lamelles.
4. Lavez les champignons. Coupez-les en lamelles assez fines.
5. Dans une poêle ou un wok, faites revenir les oignons dans de l'huile d'olive. Quand ils sont un peu dorés, ajoutez les champignons et mélangez. Ajoutez de la coriandre moulue, un peu de sel et de poivre. Laissez cuire à feu doux.
6. Une fois les champignons cuits, réservez.
7. Faites cuire les morceaux de viande avec un peu d'huile d'olive, ajoutez les champignons et les oignons. Mélangez bien. Ajoutez la ciboulette ciselée.
8. Versez la crème liquide sur l'ensemble, laissez encore une minute sur le feu.
9. Retirez la peau de vos pommes de terre et coupez avec un couteau le dessus de chacune d'elle pour obtenir une fente dans laquelle vous allez pouvoir disposer la viande accompagnée de ses champignons et de l'oignon.
10. Décorez avec des feuilles de salade.

Quinoa aux carottes et champignons

Préparation et cuisson : 15 min
Pour 4 personnes

Ingrédients

- 2 verres de quinoa
- 4 verres d'eau
- 4 carottes
- Une dizaine de champignons de Paris frais
- 1 oignon
- Ciboulette fraîche
- 100 ml de crème liquide (ou crème d'amande « cuisine » ou crème de riz)
- Huile d'olive
- Sel, poivre

1. Lavez le quinoa. Versez-le dans un autocuiseur avec les 4 verres d'eau et les carottes coupées en rondelles. Faites cuire (environ 12 minutes).
2. Pendant ce temps, lavez les champignons et émincez-les.
3. Coupez l'oignon et émincez-le, puis ciselez la ciboulette.
4. Dans une poêle, avec un filet d'huile d'olive, faites revenir les oignons à feu vif, puis ajoutez les champignons.
5. Quand ils sont cuits, versez la crème de riz (ou d'amande, plus goûteuse, si vous en avez la possibilité), puis ajoutez du sel, du poivre et de la ciboulette.
6. Laissez cuire à feu doux, en remuant quelques minutes. Réservez.
7. Lorsque le quinoa et les carottes sont cuits, servez-les dans un grand plat, et nappez avec les champignons et les oignons à la crème.
8. Dégustez bien chaud, c'est un délice !

Sauté de veau au curcuma

Préparation : 15 min
Cuisson : 1h30
Pour 5 à 6 personnes

Ingrédients

- 900 g de sauté de veau (ou porc)
- 2 oignons
- 2 ou 3 gousses d'ail
- 900 g de pommes de terre
- Coriandre et ciboulette fraîches
- Sel,
- poivre noir,
- sucre,
- huile d'olive,
- curcuma,
- coriandre moulue,
- gingembre en poudre
- Piment doux (facultatif)

1. Coupez les oignons en lamelles.
2. Aplatissez les gousses d'ail et hachez-les menu.
3. Coupez la viande en morceaux.
4. Faites chauffer une sauteuse ou un fait-tout avec 3 c.s. d'huile d'olive.
5. Ajoutez la viande et faites revenir dans l'huile.
6. Salez, poivrez, ajoutez 3 pincées de gingembre en poudre et 2 pincées de piment doux (facultatif), une petite c.c. rase de curcuma, une demi-c.c. de sucre, une demi-c.c. de coriandre moulue.
7. Ajoutez les oignons et faites revenir le tout à l'aide d'une spatule.
8. Recouvrez la viande avec de l'eau et couvrez.
9. Laissez cuire à feu doux pendant 1 heure
10. Épluchez les pommes de terre, lavez-les soigneusement et coupez-les en gros morceaux.
11. Ajoutez-les à la viande au bout d'1 heure de cuisson. Rajoutez un peu d'eau si nécessaire.
12. Ajoutez l'ail, la ciboulette et la coriandre fraîche ciselée.
13. Remettez à cuire à feu doux 30 minutes.

Filet de canard et sa crème de miel

Préparation et cuisson : environ 15 min
Pour 4 personnes

Ingrédients :

- 1 filet de canard
- 2 c.s. de miel
- 2 c.s. de vinaigre de miel (ou de cidre)
- 100 g de crème d'amandes (ou crème de riz ou crème fraîche)
- 5 branches de ciboulette fraîche
- Sel, poivre noir

1. Entaillez le filet de canard jusqu'à la chair sur sa partie grasse (faites des croix) en plusieurs endroits pour permettre une bonne cuisson.
2. Faites chauffer la poêle sur feu moyen.
3. Faites cuire le filet 4 minutes de chaque côté, en cuisant d'abord le côté de la peau. Ne mettez pas de matière grasse, la graisse de canard suffit !
4. Pendant la cuisson, délayez le miel dans le vinaigre de miel (ou de cidre) dans un bol.
5. Réservez la viande dans une assiette creuse, et prévoyez de récupérer le jus à l'étape 8.
6. Jetez la graisse contenue dans la poêle.
7. Versez le mélange miel-vinaigre dans la poêle sur feu très doux et remuez doucement et régulièrement à l'aide d'une cuillère en bois.
8. Dès les premiers frissons, versez le jus de viande.
9. Ajoutez la crème. Salez et poivrez selon votre goût.
10. Continuez de remuer jusqu'à ce que la sauce frémisse et réservez.
11. Ciselez la ciboulette. Coupez en fines tranches le canard.
12. Disposez la ciboulette sur les tranches, puis arrosez la viande avec la crème de miel.
13. Dégustez accompagné de légumes et d'un bon riz thaï parfumé ou d'une purée de pommes de terre.

- 5 -

Desserts

Amandine aux poires

Préparation : 10 min
Cuisson : 25 min
Pour 4-5 personnes

Ingrédients :

- 100 g de farine (de blé ou de riz)
- 120 g de sucre de canne
- 80 g d'amandes en poudre (ou 80 g de noix de coco si allergie aux amandes)
- 45 cl de lait de riz (de soja, ou de vache, si toléré)
- Une brique de 200 ml de crème de coco
- ½ c.c. de gomme de guar (ou 3 œufs)
- 3 poires

La **gomme de guar** est extraite de la graine d'une légumineuse (*Cyamopsis tetragonoloba*). Elle est utilisée comme épaississant et émulsifiant. Elle est donc utile pour remplacer le rôle des œufs dans une recette. Elle peut être utilisée dans les sauces, soupes, crèmes glacées et sorbets, produits de boulangerie et de pâtisserie, etc.

1. Préchauffez le four à 220 °C.
2. Dans un saladier, mélangez la poudre d'amandes (ou de noix de coco), le sucre et la farine.
3. Ajoutez la crème de coco et la gomme de guar (ou les 3 œufs).
4. Mélangez le tout au batteur électrique, en ajoutant petit à petit le lait.
5. Épluchez les poires, coupez-les en lamelles et placez-les dans un plat à four.
6. Versez la préparation sur les poires.
7. Placez le plat au four pendant 25 minutes environ.
8. Laissez refroidir complètement avant de déguster.

IDÉE GOURMANDE

Vous pouvez parsemer l'amandine aux poires d'amandes effilées (pour les personnes qui ne sont pas allergiques à l'amande, bien entendu).

Crème à la cannelle et aux fruits secs

Préparation : 5 min
Cuisson : environ 5 min
Pour 6 à 8 personnes

Ingrédients :

- 1 litre de lait de riz (de soja, de riz-amandes ou de lait de vache)
- 80 g de fécule de maïs
- 90 g de sucre blond de canne
- 1 c.c. de cannelle en poudre
- 100 g de raisins secs
- 50 g d'abricots secs (coupés en petits morceaux)

1. Dans une casserole, mélangez le sucre, la fécule de maïs, la cannelle, les raisins secs, les abricots secs coupés en petits morceaux et le lait froid.
2. Faites chauffer à feu moyen en remuant jusqu'à ce que la préparation épaississe.
3. Versez dans des verrines ou des ramequins.
4. Laissez refroidir et placez au réfrigérateur environ 1 heure avant de servir (on peut aussi la déguster chaude).
5. Accompagnez d'un thé à la menthe fraîche, c'est un délice !

Igloo coco

Préparation : 5 min
Cuisson : 2 à 3 min
Réfrigération : 2 heures
Pour 4 igloos

Ingrédients :

- 40 cl de lait de coco
- 50 g de poudre de noix de coco
- 30 cl de lait de riz-amandes (de riz ou de soja)
- 70 g de sucre
- 2 c.c. rases d'agar-agar (ou 4 g)

VARIANTE
Igloo coco-fruit

À la place de la poudre de noix de coco, vous pouvez ajouter des fruits coupés en petits morceaux (par exemple, des bananes ou des pêches), que vous placerez dans le fond de vos petits bols avant de verser la préparation chaude. C'est délicieux !

L'**agar-agar** est un produit gélifiant obtenu à partir d'algues rouges. C'est le gélifiant naturel le plus puissant. Il possède l'avantage d'être acalorique. L'agar-agar constitue la principale alternative végétarienne et naturelle à la gélatine animale, avec un résultat différent, plus ferme.

1. Dans une casserole, mélangez le lait de coco, le lait végétal choisi, le sucre et la noix de coco.
2. Faites chauffer, et aux premiers frémissements, ajoutez, en pluie, l'agar-agar.
3. Mélangez avec un fouet et tournez pendant environ 1 minute sur le feu.
4. Versez dans des petits bols et laissez un peu refroidir.
5. Placez au réfrigérateur au moins 2 heures.
6. Démoulez sur une petite assiette de service : votre igloo coco est prêt à être dégusté !

Métisse

Préparation : 10 min + 5 min
Réfrigération : une nuit
Pour 6 à 8 personnes

Ingrédients

Pour le flan :

- 250 ml de lait de riz (ou de soja)
- 2 g d'agar-agar en poudre
- 1 pot de 360 g de purée de châtaignes nature
- 80 g de chocolat noir à pâtisser sans traces d'allergènes

Pour la crème coco-vanille :

- 200 ml de lait de coco
- 1 petite c.c. de vanille en poudre
- 3 c.s. de sucre de canne
- Noix de coco râpée (pour la décoration)
- Pépites de chocolat (prenez du chocolat sans allergènes, à réduire en pépites avec un couteau)

La veille, préparez le flan :

- Dans une casserole, versez le lait et les carreaux de chocolat. Mettez sur feu très doux et saupoudrez d'agar-agar. Laissez environ 3 minutes en remuant.
- Hors du feu, ajoutez petit à petit la crème de châtaignes en tournant constamment.
- Versez dans un moule couronne huilé et un ramequin, si vous voulez faire une jolie présentation (ou dans un moule à cake en verre, dans lequel vous pourrez découper des tranches, qui se démouleront plus facilement). Placez au réfrigérateur pendant une nuit.

Le jour, préparez la crème coco-vanille :

Dans un bol, versez le lait de coco, la vanille et le sucre. Mélangez bien.

Mettez au frais.

Pendant ce temps, démoulez le flan dans un plat de service. Parsemez de noix de coco râpée.

Au moment de servir, versez la crème et les pépites de chocolat dans le plat ou sur les parts de flan.

Bon appétit !

Entremets à la fraise

Préparation : 5 min
Réfrigération : 2 heures
Pour 4 personnes

Ingrédients

- 200 g de fraises
- 200 g de crème de riz (de soja ou 3 petits suisses si autorisés)
- 2 c.c. de sirop d'agave
- 2 g d'agar-agar

1. Lavez et équeutez les fraises.
2. Dans le bol de votre robot, versez les fraises, la crème et le sirop d'agave.
3. Mixez le tout.
4. Chauffez. Dès les premiers frémissements, versez l'agar-agar et laissez cuire une minute.
5. Versez dans des coupes.
6. Réfrigérez au minimum 2 heures.

Régalez-vous !

VARIANTE

À la framboise, aux abricots, etc.

Biscuits au citron

Préparation : 10 min
Cuisson : 11 min
Pour une vingtaine de biscuits

Ingrédients

- 100 ml de crème de coco
- ½ c.c. de gomme de guar (ou 2 jaunes d'œufs)
- 100 g de sucre de canne
- 100 ml d'huile de tournesol (ou 120 g de beurre)
- 250 g de farine (de blé ou de riz)
- 2 c.c. de bicarbonate de sodium (ou 1/2 sachet de levure, gluten)
- Le jus d'un citron
- Le zeste d'1 citron bio ou non traité
- 3 gouttes d'huile essentielle de citron (si vous tolérez les huiles essentielles)

1. Préchauffez le four à 180 °C.
2. Dans un saladier, fouettez la crème de coco et la gomme de guar (*ou les 2 jaunes d'œufs*) avec le sucre et le zeste.
3. Ajoutez l'huile (*ou le beurre fondu*).
4. Mélangez bien puis incorporez la farine et le bicarbonate (*ou la levure*), le jus de citron et les 3 gouttes d'huile essentielle de citron.
5. Mélangez bien avec une cuillère en bois puis avec les mains pour former une pâte facile à travailler.
6. Formez avec les paumes des mains de petites boules et posez-les sur une plaque à pâtisserie préalablement huilée.
7. Aplatissez un peu les petites boules.
8. Enfournez 11 minutes environ (surveillez bien la cuisson).
9. Sortez-les du four et déposez-les sur un plat de service.

Régalez-vous !

Biscuits Coconut

Préparation : 5 min
Réfrigération : 15 min
Cuisson : 10 min
Pour environ 30 petits biscuits

Ingrédients

- 100 g de farine (de blé ou de riz complet, de châtaignes, à choisir selon vos allergies)
- 100 g de sucre en poudre
- 100 g de noix de coco râpée
- 3 c.s. d'huile de tournesol
- 1 demi-c.c. de gomme de guar
- 1 demi-c.c. de bicarbonate de sodium
- 1 pincée de sel
- 5 c.s. d'eau froide

Si vous utilisez de la farine de riz ou de châtaignes, il vous faudra utiliser davantage d'eau (une ou 2 cuillérées en plus, car ces farines sans gluten, de fait, ont plus de mal à s'agglutiner pour former une pâte : il suffit d'ajouter de l'eau cuillère par cuillère et de façonner 2 boules de pâte qui seront plus faciles à travailler ensuite au rouleau).

1. Préchauffez le four à 180 °C.
2. Dans un saladier, mélangez la farine, le sucre, l'huile, le sel, la noix de coco, la gomme de guar et le bicarbonate.
3. Ajoutez les 5 c.s. d'eau froide.
4. Malaxez le tout pour obtenir une pâte qui se décolle bien et ne colle pas trop. Si besoin, ajoutez un peu de farine pour obtenir la texture souhaitée. Formez une ou 2 boules de pâte.
5. Laissez reposer au réfrigérateur pendant 15 minutes minimum (ce temps de repos est important, il permet à la pâte de durcir et d'être plus facile à travailler ensuite).
6. Après ce temps de repos, étalez la pâte sur le plan de travail fariné.
7. À l'aide d'emporte-pièces (ou tout simplement avec un verre), formez les biscuits (5 mm d'épaisseur environ).
8. Sur la plaque à pâtisserie huilée, déposez les biscuits et enfournez pour 10 minutes environ à 180 °C.
9. Disposez les biscuits sur un plat de service.
10. Dégustez les biscuits Coconut tièdes ou froids. Ces biscuits sont assez secs, ils sont excellents pour accompagner une boisson chaude (infusion, thé rooibos, etc.).

Langues de chat

Préparation : 10 min
Cuisson : 10 min

Ingrédients

- 60 g de sucre
- 1 petite c.c. de vanille en poudre
- 60 g de purée d'amandes (ou d'huile, ou de beurre fondu si toléré)
- 65 g de farine (de riz, ou de blé si toléré)
- 100 ml de crème de coco
- ½ c.c. de gomme de guar (ou 2 blancs d'œuf, si toléré)
- 30 ml d'eau froide

1. Préchauffez votre four à 180 °C.
2. Dans un saladier, mélangez le sucre, la purée d'amandes (ou l'huile, ou le beurre) et la vanille.
3. Incorporez la farine et mélangez bien. Ajoutez les 30 ml d'eau.
4. Dans un bol assez large, battez quelques minutes la crème de coco et la gomme de guar (*ou les 2 blancs d'œufs*). Ajoutez-les à la préparation. Mélangez bien l'ensemble.
5. Versez votre pâte dans une seringue (ou poche) à douille.
6. Sur la plaque à pâtisserie, huilée au préalable, disposez avec la seringue à douille des petites languettes de 5 cm environ. Espacez-les bien, car la pâte va s'étaler durant la cuisson.
7. Enfournez 10 minutes environ. Surveillez bien la cuisson, les bords des langues de chat doivent juste dorer sur le pourtour.
8. Sortez du four et disposez dans un plat.

Colimaçons

Préparation : 15 min
Réfrigération : 1h30
Cuisson : 10 min
Pour 6 personnes

Ingrédients

- 250 g de farine (de blé ou moitié farine de riz./ moitié farine de châtaignes)
- 130 g de sucre
- 50 g de purée d'amandes blanches (ou d'huile de tournesol, ou de beurre)
- 70 g d'huile de tournesol au goût neutre
- 2 c.s. de chocolat en poudre 100 % cacao
- 1 petite cuillère à café de gomme de guar
- ½ verre de lait de riz (ou de lait de soja)

1. Dans un saladier, versez la farine, le sucre et la gomme de guar. Mélangez ces poudres ensemble et creusez un puits dans lequel vous ajouterez l'huile, la purée d'amandes et le demi-verre de lait de riz (ou *de soja*).
2. Commencez à mélanger doucement avec une spatule, puis à la main, jusqu'à obtention d'une boule de pâte homogène.
3. Séparez la pâte en 2 parties égales. Dans l'une, incorporez le cacao en poudre pour obtenir la partie chocolatée de vos colimaçons.
4. Ensuite, placez les 2 boules de pâte au réfrigérateur pendant une demi-heure minimum, afin qu'elles deviennent plus rigides.
5. Étalez au rouleau à pâtisserie les 2 pâtes pour obtenir 2 rectangles de mêmes dimensions, de 3 mm d'épaisseur environ chacun.
6. Superposez les 2 rectangles de pâte. Roulez les 2 pâtes ensemble délicatement, dans le sens de la longueur, pour former un rouleau à spirales bicolores. Enveloppez-le d'un film alimentaire et placez-le au réfrigérateur pendant une heure.
7. Préchauffez votre four à 200 °C et découpez des rondelles régulières. Disposez-les sur une plaque à pâtisserie huilée au préalable. Espacez-les un peu pour que les colimaçons ne se collent pas entre eux.
8. Enfournez et faites cuire 10 minutes (le biscuit ne doit pas dorer).

Mi-cuit au chocolat

Préparation : 10 min
Cuisson : 10 min
Pour 6 ramequins

Ingrédients :

- 125 g de farine (blé si toléré ou bien riz, ou riz/millet)
- 200 g de sucre de canne complet
- ½ c.c. de gomme de guar
- 40 g de chocolat noir sans allergènes
- Un peu de lait de riz
  100 ml de lait de riz (ou d'eau)
- 100 ml d'huile de tournesol
- 2 c.s. de purée d'amandes (ou 20 ml d'huile en cas d'allergie à l'amande)
- 1 c.c. de vanille en poudre
- 1 pincée de sel
- 2 c.c. de bicarbonate de sodium (ou ½ sachet de levure-gluten)

1. Préchauffez votre four à 175 °C.
2. Faites fondre à feu bien doux le chocolat en morceaux dans une casserole, avec un peu de lait de riz au fond, pour que le chocolat ne brûle pas.
3. Dans un saladier, mélangez la farine, le sucre, la gomme de guar, le sel, le bicarbonate (ou la levure).
4. Ajoutez le lait de riz, la vanille et mélangez au batteur électrique.
5. Incorporez l'huile et la purée d'amandes, et battez jusqu'à obtention d'une pâte lisse et onctueuse.
6. Versez dans des petits ramequins allant au four, préalablement huilés et farinés.
7. Faites cuire environ 10 minutes. Le moelleux ne doit pas se dessécher. Pour vérifier, piquez le gâteau avec la lame d'un couteau qui ne doit pas ressortir sèche.
8. Dégustez tiède.

Rochers à la noix de coco

Préparation : 10 min
Cuisson : 10 min
Pour une vingtaine de rochers

Ingrédients

- 70 g de purée d'amandes blanches + 10 g d'huile (ou 80 g d'huile de tournesol)
- 70 g de sucre de canne
- 50 g de crème de coco
- ½ c.c. de gomme de guar (ou 1 œuf)
- 100 g de poudre de noix de coco
- 100 g de farine (de blé, ou de riz)
- 100 ml de lait de riz
- ½ sachet de poudre à lever (ou 2 c.c. de bicarbonate de sodium)

1. Préchauffez le four à 180 °C.
2. Dans un saladier, mélangez bien au batteur la purée d'amandes blanches, l'huile, la crème de coco, la gomme de guar et le sucre.
3. Incorporez la noix de coco, la farine et la poudre à lever *(ou le bicarbonate)*.
4. Versez le lait de riz. Mélangez bien le tout au batteur électrique.
5. Sur la plaque à pâtisserie préalablement huilée, déposez des petits tas de pâte assez espacés les uns des autres, afin qu'ils ne collent pas ensemble.
6. Faites cuire 10 minutes à 180 °C. Les bords doivent être dorés et le centre doit rester moelleux.

Dégustez !

Cake à l'orange

Préparation : 10 min
Cuisson : 25 min

Ingrédients

- 150 g de farine (de blé ou de riz)
- 100 g de sucre de canne
- 1 c.c. de bicarbonate de sodium (ou ½ sachet de levure-gluten)
- Jus d'1 orange bio
- 3 gouttes d'huile essentielle d'orange bio (si vous tolérez les huiles essentielles)
- Lait de riz
- 6 c.s. d'huile de tournesol
- 1 c.c. de vanille en poudre
- 1 c.s. de jus de citron
- 90 g d'oranges confites

1. Préchauffez votre four à 200 °C.
2. Mélangez dans un saladier la farine, le sucre, le bicarbonate (ou la levure).
3. Pressez le jus de l'orange dans un verre et complétez-le avec du lait de riz.
4. Versez dans le saladier et ajoutez l'huile, la vanille, les oranges confites et le jus de citron.
5. Mélangez bien les ingrédients avec un batteur.
6. Huilez un moule à cake et versez-y la préparation. Placez au four durant 25 minutes environ.
7. Démoulez sur un plat à cake et laissez refroidir avant de déguster.

Crumble aux pommes

Contient des AMANDES

Préparation : 10 min
Cuisson : 20 à 25 min
Pour 4-5 personnes

Contient des amandes

Ingrédients

Pour le crumble :

- 100 g de poudre d'amandes
- 100 g de sucre
- 100 g de farine (de blé ou de riz)
- 50 g d'huile de tournesol ou de pépins de raisin
- 50 g de purée d'amandes

Pour les pommes :

- 6 pommes à cuire (boskoop, reinette, canada, golden...)
- 50 g de sucre
- 1 gousse de vanille
- 20 g d'huile de tournesol ou de pépins de raisin

1. Mélangez le sucre, la farine et la poudre d'**amandes** avec l'huile et la purée d'**amandes**.
2. Faites de petits amas de pâte.
3. Épluchez les pommes et retirez le cœur. Coupez en cubes réguliers.
4. Faites revenir les pommes dans l'huile. Ajoutez le sucre et les graines de vanille. Laissez cuire doucement, jusqu'à ce que les pommes soient tendres.
5. Préchauffez votre four à 175 °C. Disposez les pommes dans un plat à gratin. Lissez la surface et parsemez des miettes de pâte. Faites dorer au four durant 20 à 25 minutes.
6. Dégustez tiède ou froid.

VARIANTE

Aux fruits rouges, aux poires, à la cannelle, etc., selon vos goûts et vos idées !

Fondant aux pommes

Préparation : 10 min
Cuisson : 15 min
Pour 6 personnes

Ingrédients

- 1 pot de compote de pommes
- 2 pots de farine (de blé ou de farine de riz, de sarrasin, de millet selon tolérance)
- 1 pot de farine de châtaignes (ou autre farine si vous n'avez pas de farine de châtaignes)
- ½ c.c. de gomme de guar
- 2 pots de sucre de canne
- 2 c.c. de bicarbonate de sodium (ou ½ sachet de levure-gluten)
- ½ pot d'huile (tournesol ou pépins de raisin)
- 1 pot de lait de riz (ou de lait de soja)
- 2 pommes

1. Préchauffez votre four à 200 °C.
2. Dans un saladier, versez la compote.
3. Lavez et essuyez le pot, qui servira de mesure pour les autres ingrédients.
4. Ajoutez les farines, la gomme de guar, le bicarbonate, le sucre, le lait et l'huile.
5. Mélangez bien le tout au batteur électrique.
6. Coupez les pommes en petits morceaux et ajoutez-les à la préparation. Mélangez bien.
7. Huilez un moule couronne ou 2 moules à cake et versez la pâte également répartie dans les moules, pour une cuisson optimale.
8. Enfournez et laissez cuire à 200°C environ 15 minutes.
9. Démoulez et coupez en tranches.

Dégustez tiède, ça fond dans la bouche !

Tarte amandine aux poires

Contient des AMANDES

Préparation : 15 min
Cuisson : 40 min
Pour 6 à 8 personnes

Ingrédients

- 110 g de farine de blé (ou de riz ou de sarrasin)
- 100 g de sucre de canne
- 80 g d'amandes en poudre
- 20 g d'huile de tournesol
- 200 ml de lait de riz
- 5 ou 6 poires

1. Préchauffez le four à 220 °C.
2. Dans un saladier, versez la farine, le sucre, la poudre d'**amandes**. Mélangez bien. Ajoutez l'huile et le lait de riz, petit à petit.
3. Battez le tout au fouet électrique.
4. Huilez un moule à tarte en verre de 28 cm et versez-y la préparation.
5. Pelez et épépinez les poires. Déposez des lamelles fines de poires en cercles sur la pâte.
6. Placez la tarte au four pendant 40 minutes environ à 220 °C.
7. Une fois la tarte dorée, sortez-la du four.
8. Coupez les parts directement dans le plat et servez, tiède ou froid.

IDÉE GOURMANDE

Vous pouvez avantageusement accompagner vos fondants d'un Coco-fruit, comme sur la photo (voir la recette de l'Igloo coco, et choisir la variante avec fruits – framboises, fraises, pêches – selon votre goût)

Fondant Chocobanane

Contient des AMANDES

Préparation : 10 min
Cuisson : 10 min
Pour 6 à 8 fondants

Ingrédients

- 100 g de chocolat noir à pâtisser sans allergènes
- 170 ml de lait de riz (ou de lait d'amandes)
- 2 bananes écrasées
- 2 c.s. de purée d'amandes blanches ou complètes
- 2 c.s. de sucre
- 4 c.s. de farine (de riz, ou de blé)
- ½ sachet de poudre à lever (ou 1 c.c. de bicarbonate)

1. Préchauffez le four à 180 °C.
2. Versez le lait dans une casserole, à feu doux, ajoutez le chocolat en morceaux et remuez doucement pour le faire fondre.
3. En dehors du feu, versez la purée d'**amandes**, les bananes, la farine, la poudre à lever *(ou le bicarbonate)* et le sucre.
4. Mélangez bien au batteur électrique pour obtenir une pâte lisse et homogène.
5. Répartissez la pâte dans des moules à tartelettes individuels huilés et faites cuire environ 10 minutes à 180 °C.
6. Laissez refroidir un peu avant de démouler.
7. Gardez au réfrigérateur jusqu'à dégustation.

Bon appétit !

Tarte aux pommes

Préparation : 15 min
Cuisson : 40 min
Pour 6 à 8 personnes

Ingrédients

Pour la pâte :

- 150 g de farine (de blé type 110 ou autre farine, de riz, de riz-millet)
- 50 g de farine de sarrasin
- 2 c.s. de purée d'amandes blanches (ou 3 c.s. d'huile de tournesol)
- Une pincée de sel
- Une c.s. de sucre de canne
- 10 cl d'eau tiède (à moduler selon la farine)

Pour la garniture :

- 4 pommes (golden, canada...)
- 200 g de compote de pommes
- 1 sachet de sucre vanillé (facultatif)

1. Préchauffez votre four à 180 °C.
2. Dans un saladier, versez les farines et le sucre et mélangez du bout des doigts avec la purée d'amandes (*ou l'huile*). Versez le sel dans l'eau tiède. Ajoutez petit à petit l'eau tiède à la farine.
3. Malaxez jusqu'à obtenir une pâte homogène.
4. Farinez le plan de travail et étalez la pâte au rouleau à pâtisserie.
5. Huilez et farinez votre moule à tarte et étalez-y la pâte.
6. Piquez la pâte à la fourchette et étalez 200 g de compote de pommes à la cuillère.
7. Coupez vos pommes en lamelles ou en dés et disposez-les sur la compote.
8. Saupoudrez le sucre vanillé sur la tarte.
9. Enfournez 40 minutes à 180 °C.

- 6 -
Le goûter

C'est l'heure
du goûter !

Petite crème au chocolat

Préparation : 5 min
Cuisson : 4 à 5 min
Pour 6 ramequins

Ingrédients

- 1 litre de lait (lait de riz, lait de soja, lait d'avoine (gluten)...)
- 6 c.s. de fécule de maïs (60 g)
- 4 c.s. de chocolat en poudre 100 % cacao
- 2 c.s. de sucre roux de canne

1. Dans une casserole, mélangez la fécule de maïs, le sucre et le cacao.
2. Versez un peu de lait froid et délayez avec un fouet.
3. Ajoutez le reste du lait et remuez pour que le mélange soit bien homogène.
4. Faites chauffer tout en remuant avec le fouet. Dès les premiers frémissements, mettez à feu doux, et laissez encore 2 minutes en remuant.
5. Versez dans des ramequins.
6. Dégustez une fois la crème refroidie. Pour les impatients, elle est aussi très bonne chaude !

Pommes cuites au miel

Préparation : 5 min
Cuisson : 30 min
Pour 4 personnes

Ingrédients

- 4 pommes
- 4 c.s. de miel
- Un peu d'eau

1. Préchauffez le four à 200 °C pendant 10 minutes.
2. Coupez les pommes en quartiers, retirez les pépins et disposez les quartiers dans 4 ramequins allant au four. Mettez un peu d'eau au fond du ramequin.
3. Versez le miel sur les pommes.
4. Faites cuire 30 min au four à 200 °C.
5. Dégustez tiède ou froid !

Crêpes

Préparation de la pâte : 10 min
Cuisson : quelques minutes par crêpe
Pour 4 personnes

Ingrédients

- 250 g de farine
- (de riz ou de maïs*, ou de blé (gluten) selon tolérance)
- 3 c.s. de sucre roux de canne
- 3 c.s. d'huile de tournesol
- ½ litre de lait de riz (ou lait de riz-amandes ou lait d'avoine (gluten) ou lait de vache)
- Une pincée de sel

*Si vous optez pour la farine de maïs, sachez que la crêpe sera plus friable qu'avec la farine de blé. Un conseil : faites des crêpes de plus petite taille, elles seront plus faciles à retourner.

1. Dans un saladier, versez la farine, le sucre roux et le sel. Mélangez avec un fouet.
2. Ajoutez l'huile et le lait tout doucement en mélangeant avec le fouet pour éviter les grumeaux.
3. Le mieux est de laisser reposer quelques heures, mais il est possible de les faire cuire de suite.
4. Huilez bien la poêle et attendez qu'elle soit bien chaude, car cette pâte à crêpes a tendance à se casser et à coller un peu. Avec une louche, versez la pâte à crêpes que vous étalerez bien. Laissez cuire quelques minutes.
5. Puis, à l'aide d'une spatule, retournez la crêpe et laissez-la cuire quelques minutes, et le tour est joué !
6. Agrémentez vos crêpes de sucre, de confiture, de miel ou de sirop d'érable, en vérifiant bien la composition de ces aliments.

Régalez-vous !

VARIANTES

au chocolat

Ajoutez à l'étape 3 deux c.s. de chocolat en poudre 100 % cacao.

à l'amande

Ajoutez à l'étape 2 deux c.s. bombées de purée d'**amandes** blanches et mélangez bien avec le lait.

VARIANTES

au chocolat

Ajoutez à l'étape 3 deux c.s. de chocolat en poudre 100 % cacao.

à l'amande

Ajoutez à l'étape 2 deux c.s. bombées de purée d'**amandes** blanches et mélangez bien avec le lait.

Riz au lait et aux raisins secs

Préparation : 5 min
Cuisson : 25 min
Pour 4 ramequins

Ingrédients

- 125 g de riz rond
- 700 ml de lait de riz (ou autre lait végétal)
- 40 g de sucre blond de canne en poudre
- 1 c.c. de vanille en poudre
- 2 c.s. de raisins secs

1. Rincez le riz et versez-le dans une casserole d'eau bouillante. Portez à ébullition et faites cuire 3 minutes, puis égouttez.
2. Chauffez le lait jusqu'à ébullition.
3. Ajoutez le riz, le sucre, les raisins secs et la vanille.
4. Laissez cuire 25 minutes, à feu très doux, en mélangeant régulièrement pour que le riz au lait n'attache pas.
5. Versez dans des ramequins.

Vous pouvez déguster.
Tiède ou froid, c'est délicieux !

Salade de fruits frais

Préparation : 15 min
Pour 4 personnes

Ingrédients

Fruits variés :

- Raisins
- Fraises
- Mirabelles
- Melon
- Pomme
- Banane
- Citron

1. Épluchez et coupez les fruits en petits morceaux
2. Arrosez d'un peu de jus de citron pour éviter que les fruits ne s'oxydent.
3. Dégustez bien frais.

Semoule de riz au chocolat

Préparation : 5 min
Cuisson : 4 à 5 min
Pour 6 ramequins

Ingrédients

- 1 litre de lait (lait de riz, lait de soja, lait d'avoine (gluten)
- 6 c.s. de semoule de riz
- 2 c.s. de chocolat en poudre 100 % cacao
- 2 c.s. de sucre roux de canne

1. Dans une casserole, mélangez la semoule, le sucre et le cacao.
2. Versez un peu de lait et délayez avec un fouet.
3. Ajoutez le reste du lait et remuez pour que le mélange soit bien homogène.
4. Faites chauffer tout en remuant avec le fouet. Dès les premiers frémissements, mettez à feu doux, et laissez encore 2 à 3 minutes en remuant.
5. Versez dans des ramequins.
6. Dégustez une fois la semoule refroidie. Pour les impatients, elle est aussi très bonne chaude !

VARIANTES

Nature sans chocolat, avec 2 cuillérées de vanille en poudre ou encore avec quelques gouttes d'huile essentielle d'orange douce.

Cookies aux flocons de millet

Préparation : 10 min
Cuisson : 10 min
Pour 15 cookies environ

Ingrédients

- 120 g de farine (de blé si toléré ou de farine de riz)
- 80 g de sucre complet ou de sirop d'agave
- 60 g de flocons de millet (ou de quinoa)
- 1 à 2 cuillères à soupe d'arrow-root
- 50 g de purée d'amandes (ou d'huile si allergie aux amandes)
- 25 g d'huile de tournesol
- 60 g de chocolat noir sans allergènes grossièrement râpé
- 50 g de raisins secs
- 10 cl de lait de riz (ou lait d'amandes)
- 1 c.c. de vanille en poudre (facultatif)

1. Préchauffez votre four à 180 °C.
2. Dans un saladier, mélangez la farine, les flocons, le sucre et l'arrow-root.
3. Ajoutez la purée d'amandes, l'huile et la vanille.
4. Ajoutez le lait petit à petit et mélangez le tout au fouet électrique pour obtenir une pâte qui ne soit ni trop liquide ni trop collante.
5. Incorporez le chocolat et les raisins et continuez à mélanger à la cuillère.
6. Faites de petites boules que vous déposerez sur la plaque à pâtisserie huilée et farinée.
7. Faites cuire pendant 10 minutes environ.

Madeleines

Préparation : 10 min
Cuisson : 9 à 10 min
Pour 20 madeleines

Ingrédients

- 75 g de farine (farine de riz complet ou farine de blé, si toléré)
- 70 g de sucre de canne blond
- 50 g de purée d'amandes (ou 50 g d'huile de tournesol)
- 50 g de crème de coco
- ¼ de c.c. de gomme de guar (ou 2 œufs)
- 1 c.c. de bicarbonate (ou ½ sachet de levure-gluten-)
- 1 c.c. de vanille en poudre ou de fleur d'oranger

1. 50 ml de lait de riz *(ou lait de soja, lait d'amandes, lait de vache*
2. Préchauffez le four à 200 °C.
3. Dans un saladier, mélangez la farine, le sucre et le bicarbonate *(ou la levure)*.
4. Ajoutez la purée d'amandes *(ou l'huile)*, la crème de coco et la gomme de guar *(ou les œufs)* et mixez le tout.
5. Ajoutez le lait et la vanille et continuez à mixer l'ensemble.
6. Huilez le moule à madeleines et versez délicatement la pâte à l'aide d'une cuillère.
7. Enfournez environ 9 à 10 minutes. Surveillez bien la cuisson ! Les madeleines sont cuites lorsqu'elles sont dorées.

Tartelettes aux fruits ou au chocolat

Préparation : 10 min
Cuisson : 10 min
Pour 4 à 5 tartelettes

Ingrédients

FOND DE TARTELETTE

Pour 1 tartelette :

- 3 c.s. de farine de blé T80 ou T 110 (ou farine de riz)
- 2 c.s. de sucre de canne complet
- 4 c.s. d'amandes en poudre (ou noix de coco en poudre)
- 1 c.s. d'huile de tournesol
- 50 ml de lait de riz

Pour 4 à 5 tartelettes :

- 105 g de farine
- 100 g de sucre de canne complet
- 80 g d'amandes en poudre (ou noix de coco en poudre)
- 20 g d'huile de tournesol
- 200 ml de lait de riz

GARNITURE FRUIT :

- Purée d'amandes ou crème de marron
- Fruits frais au choix : fraises, poires, bananes, raisins, prunes, mirabelles, etc.

GARNITURE CHOCOLAT :

- Chocolat à pâtisser sans allergènes
- Un soupçon d'huile
- Un peu de lait de riz

NAPPAGE :

- Sirop d'agave

1. Préchauffez le four à 200 °C.
2. Dans un saladier, versez la farine, le sucre complet et la poudre d'amandes (ou de noix de coco).
3. Mélangez bien. Ajoutez l'huile et le lait de riz, petit à petit.
4. Battez le tout au fouet électrique.
5. Huilez les petits moules à tartelettes et versez-y la préparation.
6. Placez les moules au four pendant 10 à 11 minutes environ.
7. Sortez-les du four et démoulez-les.
8. Pour la garniture «fruits», étalez une petite cuillérée de purée d'amandes sur la tartelette, afin de faire adhérer les fruits frais coupés en petits morceaux. Nappez d'un peu de sirop d'agave.
9. Pour la garniture «chocolat», faites fondre dans une casserole du chocolat à pâtisser avec un soupçon d'huile et quelques cuillérées de lait de riz. Quand le mélange est lisse, étalez-le délicatement au centre de la tartelette.

Liste alphabétique des recettes

Amandine aux poires 119
Banana rice shake 61
Biscuits au citron 125
Biscuits Coconut 127
Blinis 68
Cake à l'orange 134
Chiffonnade bretonne 69
Chips mexicaines Contient du gluten 71
Chokoccino ! 57
Colimaçons 131
Cookies aux flocons de millet 150
Crème à la cannelle et aux fruits secs 120
Crêpes 144
Crumble aux pommes
Contient des amandes 135
Cuisses de canard aux pommes de terre et carottes, façon sarladaise 94
Dips de légumes et petites sauces 65
Dos de cabillaud à l'indienne
Contient du poisson 102
Entremets à la fraise 124
Filet de canard et sa crème de miel 115
Filet mignon aux herbes et Patati et Patata 106
Fondant aux pommes 136
Fondant Chocobanane
Contient des amandes 139
Galettes de pommes de terre aux flocons de millet 101
Galettes de sarrasin 98
Guacamole 70
Igloo coco 121
Lait de riz « maison » 55
Lait de riz-amandes « maison »
Contient des amandes 56
Langues de chat 128
Lapin aux pruneaux 104
Le pâté de Mamie Josette 77
Madeleines 151
Makis au saumon Contient du poisson 81
Métisse 122
Mi-cuit au chocolat 132
Millet vendéen à l'orange 54
Mousseline de millet, brocolis et carottes 105
Muffins à la carotte et aux pruneaux 73
Pancakes 53
Petite crème au chocolat 143
Pomme de terre surprise 109
Pommes cuites au miel 143

Quinoa aux carottes et champignons 110
Rillettes de thon Contient du poisson 67
Rillettes océanes Contient du poisson 66
Riz au lait et aux raisins secs 147
Riz loc-lac 93
Rochers à la noix de coco 133
Rouleaux de printemps 86
Salade d'été 84
Salade d'hiver 83
Salade de fruits frais 148
Salade rose et verte 82
Sauté de veau au curcuma 113
Semoule de riz au chocolat 149
Smoothie banane-kiwi 60
Smoothie cocofruité 60
Smoothie glacé miel-banane 58
Smoothie de Marie 61
Smoothie des matins vitaminés, Le 59
Smoothie « Rêve fraisé »
Contient du soja ou du lait de vache 59
Taboulé de quinoa 78
Tarte amandine aux poires
Contient des amandes 137
Tarte aux légumes et aux champignons
Contient du gluten 96
Tarte aux pommes 140
Tartelettes aux fruits ou au chocolat 152
Velouté de légumes de Tatie Lydie 85
Verrines de chou-fleur à la tomate et aux
lardons 89

QUIZ

Vous craignez de ne pas avoir tout retenu? Pas de panique! L'essentiel est de pouvoir retrouver dans ce livre les informations dont vous avez besoin. Ce petit quiz vous aidera à retenir et à retrouver quelques informations essentielles.

Connaître les bons gestes en cas d'urgence:

Dans quelle zone de la cuisse doit-on injecter l'adrénaline?

Réponse: voir dans l'abécédaire à la lettre Q

Combien de temps doit-on laisser le stylo auto-injecteur d'adrénaline (ANAPEN) enfoncé dans la cuisse lorsqu'on l'utilise?

- ❑ 5 secondes au moins?
- ❑ 10 secondes au moins?
- ❑ 20 secondes au moins?

Réponse: voir dans l'abécédaire à la lettre T

DEVINETTE: ***Je dois toujours rester à proximité de l'enfant allergique, je dois me multiplier en autant d'exemplaires que de lieux fréquentés par votre enfant, je ne dois pas être exposée à de fortes températures et je peux sauver une vie: que suis-je?***

Réponse: voir dans l'abécédaire à la lettre T

Connaître les symptômes d'allergie et réagir vite:

Si votre enfant présente les symptômes d'une voix rauque, d'un œdème du visage et du larynx, à quelle réaction allergique êtes-vous confronté?

- ❑ choc anaphylactique?
- ❑ œdème de Quincke?
- ❑ urticaire géante?

Réponse: voir dans l'abécédaire à la lettre Q

Si votre enfant semble tout mou suite à l'ingestion d'un aliment, puis perd connaissance, à quelle réaction grave doit-on penser immédiatement ?

- ❑ choc anaphylactique ?
- ❑ œdème de Quincke ?
- ❑ urticaire géante ?

Réponse : voir dans l'abécédaire à la lettre Q

Connaître les allergènes et leurs substituts :

Parmi ces aliments, lesquels contiennent du gluten ?

- ❑ blé (ou froment) ?
- ❑ blé noir (ou sarrasin) ?
- ❑ orge ?
- ❑ avoine ?
- ❑ kamut ?
- ❑ épeautre ?

Réponse : voir dans l'abécédaire à la lettre B

Quelles farines peuvent être utilisées pour remplacer le blé en cas d'allergie au gluten ?

- ❑ farine de seigle ?
- ❑ farine de riz ?
- ❑ farine de châtaignes ?
- ❑ farine de millet ?
- ❑ farine de maïs ?
- ❑ farine de quinoa ?

Réponse : voir dans l'abécédaire à la lettre B

Par quels aliments peut-on remplacer le lait de vache en cas d'allergie au lait ?

- ❑ lait de soja ?
- ❑ lait de chèvre ?
- ❑ lait de riz ?
- ❑ lait de brebis ?
- ❑ hydrolysat de protéines ?

Réponse : dans l'abécédaire à la lettre L[4]

4 Les aliments de remplacement proposés n'offrent pas toujours des apports nutritionnels équivalents aux allergènes substitués. Pour éviter d'éventuelles carences, demandez conseil à votre allergologue, à un médecin nutritionniste ou à une diététicienne.

Remerciements

En tout premier lieu, merci à mon mari pour son soutien dans la genèse de ce livre et pour son aide active et créative pour la partie « Plats principaux ». En plus d'être un inventif et formidable papa, il est aussi cuisinier créatif à ses heures (catégorie plats salés) et a développé de délicieuses recettes pour le plus grand plaisir des papilles de sa fille et des miennes !

Merci aux membres de notre famille qui nous soutiennent et se donnent du mal pour confectionner de bons petits plats sans allergènes, Mamie Josette, Tatie Lydie, Tatie Véro, Boubou, Tatie Lucie.

Merci à mes parents et à mes grands-parents pour leur amour et leur soutien, pour les valeurs qu'ils m'ont transmises, qui m'ont permis d'être celle que je suis aujourd'hui.

Merci aux personnes qui ont accueilli Marie à bras ouverts et ont choisi d'embellir son quotidien, sa nounou Sylvie, la famille Fatin, Béatrice.

Merci au docteur Cécile Morgan, pour son aide précieuse et ses conseils avisés.

Merci aux équipes du C.R.E.A.A.L. (Centre de recherche et d'éducation en allergie alimentaire du C.H.U. de Nantes) et de l'ÉCOLE DE L'ATOPIE, du C.H.U. de Nantes, pour leurs indispensables et enrichissantes sessions d'éducation thérapeutique. Un merci particulier au docteur Michèle Debons, allergologue et dermatologue, et au docteur Isabelle Mollé-Le Vaillant, allergologue, pour leur disponibilité, pour leur relecture attentive du livre et leurs commentaires constructifs.

Merci à l'équipe des éditions JOUVENCE pour son accueil et particulièrement à Jacques Maire, mon éditeur, qui a tout de suite compris l'utilité de ce livre pour les personnes confrontées aux allergies alimentaires. Je le remercie de m'avoir donné la chance, à travers la publication de ce livre, de pouvoir vous faire partager mon expérience de maman d'enfant allergique et de vous proposer mes recettes et conseils.

Un merci particulier à Dorothée Huchet, Lydie Barreau-Tisseyre et Véronique Camus pour leur relecture et leurs commentaires.